先入観を捨てて
より良く生きるための
60の習慣

結局、いいかげんな人ほどうまくいく

船見敏子 Funami Toshiko

PHP

はじめに

メンタルヘルスの専門家として、断言します。
いいかげんな人ほど、毎日を楽しく過ごしています。
いいかげんな人ほど、心も体も健康です。
いいかげんな人ほど、仕事も人生もうまくいきます！

私はかつて、雑誌記者として1000名超の著名人のインタビューをしました。経営者、俳優、アーティスト、作家など、第一線で活躍する人たちの話を聴いてきたわけですが、その過程で、あることに気づきました。

成功している人って、案外、いいかげん！

成功する人のイメージといえば、目標をしっかり持って、健康に気をつけている。コツコツと地道に努力を重ね、謙虚で、バランス感覚があって、人を大切にする……。私もそう思っていました。

ところが、実際に会った成功者たちは、ちょっと違ったのです。
健康などお構いなしの人がいるかと思えば、バランスなんか全然取れていない、偏った人もいました。地道に頑張らない人もいるし、目標を持たない人もいます。

ちゃんとしているけど、チャラい。
努力はするけど、手を抜き、無責任にもなる。
ちゃっかりしているのに、うまく納める。

その姿は、とってもいいかげん。

同時に、「良い加減」なのです。

もしかして、それこそがうまくいく秘訣なのかなと思いました。

その後、カウンセラーに転向し、これまでに約1万人のカウンセリングをしました。商社、ＩＴ企業、メーカー、金融機関などさまざまな業界で、新入社員から社長まで、いろんな人とお話ししてきました。

そこでまた、気づきがあったのです。

カウンセリングで会う人の中には、メンタル不調を抱えている人やその予備軍がたくさんいます。苦悩や困難に苦戦しているその姿こそ、私が以前抱えていた成功する人のイメージだと。

とても真面目で一生懸命。自分のことよりも人を大切にし、気を遣う。いわゆるいい人です。

誰だって、そんな人と友達になりたいし、一緒に仕事したいもの。なのにそういう人ほど、心の健康を崩している現実を目《ま》の当たりにしました。

さらに、心理学を学ぶ中で、**良い加減でいることこそが心身の健康を保つ秘訣だということがわかったのです。**

私の思いは確信に変わりました。


いいかげんなくらいがちょうどいいのだ、と。


私自身、元来とても真面目な性格です。

人に迷惑をかけてはいけないと気を遣い、仕事も完璧にやらなければと常に全力投球していました。周囲の人から「ちゃんとしてるね」と言われて喜んでさえいました。

でも、疲れるし、思うようにいかない。口ぐせは「なんかいいことないかな」でした。

出版社で働いていたある日、朝起きたら白目が真っ赤になっていました。びっくりして眼科に行くと、「結膜下出血」だと言われました。ストレスで、細い血管が切れたのです。

出版社を辞めて独立した直後の27歳のときには、将来への不安でパニック障害になりました。

ストレスを溜めこみやすい人間だったのです。

だから、インタビューで出会ったいいかげんな人たちに憧れるようになりました。

どうしたら、あんなふうに肩の力が抜けるんだろう。

どうしたら、ストレスを溜め込まなくなるんだろう。

どうしたら、スルッとものごとがうまくいくようになるんだろう。

そこで、彼らの言動を少しずつマネしてみました。
すると少しずつ心がゆるんでいき、ストレスを溜めにくくなりました。
体調を崩すことがほとんどなくなり、パニック障害も克服しました。
人とぶつかることもなく、仕事も順調にいくようになりました。
今ではやりたいことを楽しめ、とても穏やかな日々を送っています。

この本を手に取ってくださった人の中には、いいかげんな人に憧れていて、彼らのようになりたいと思っている人もいるでしょう。
でも、かつての私がそうだったように、どうすればそうなれるのかわからないかもしれませんね。真面目な人は、手を抜きなさいと言われても、手を抜く方法がわからないのですから。

この本では、インタビューした人、カウンセリングした人、一緒に仕事した人など、私が出会ったいいかげんな人たちのエピソードを紹介し、なぜそれがうまくいく秘訣なのかを、心理学で解説していきます。
ぜひ本書を読み進めて、ちょっとずつ彼らのマネをしてみてください。
いいかげんに、良い加減になれるはずです。

一方で、いいかげんな人に振り回されていて、その生態を知りたいと思っている人もいると思います。彼らの行動の理由がわかると、ちょっと見方が変わるかもしれません。

なお、紹介しているエピソードは、守秘義務の観点からアレンジを加えています。ご了承ください。

さあ、「いいかげんワールド」への扉を開けてください！

いいかげん度 チェックにトライ！

下の10項目を読み、あてはまるものに✓をつけてください。
考えすぎず、直感でつけてくださいね。

□ 1 誰とでもすぐ打ち解ける
□ 2 世界でいちばん自分が好き
□ 3 人に何を言われても気にしない
□ 4 ささいなことはすぐ忘れる
□ 5 人と違うことを平気でできる
□ 6 競争するのは好きじゃない
□ 7 待つことが苦にならない
□ 8 のん気なほうだ
□ 9 手を抜くのが得意
□ 10 自分の未来は明るい

いくつ✓がつきましたか？

7つ以上のあなた

おめでとうございます！　**あなたは「いいかげん度」の高い人です**。仕事は上手に手を抜き、要領よくこなしているのでは？　プライベートでも好きなことを楽しみ、きっと楽しく毎日を送っていることでしょう。

4〜6つのあなた

いいかげん度は平均的です。仕事も家庭のことも、基本的には無理しすぎずこなしているものの、ついつい「私がやらなければ」と頑張りすぎてしまうこともあるでしょう。人に気を遣って疲れることもあるのでは？

3つ以下だったあなた

いいかげん度が低めです。真面目で、言われたことをきっちりこなし、イヤなことも断らず、困っている人がいれば助ける。きっとあなたは、周囲から絶大な信頼を得ているでしょう。

でも、人のために一生懸命になりすぎて、自分をあとまわしにしていませんか？

周囲にどう思われるか気にして、疲れていませんか？

結局、いいかげんな人ほどうまくいく
先入観を捨てて
より良く生きるための60の習慣　目次

はじめに —— 002
いいかげん度チェックにトライ！ —— 010

第1章 いつだっていいかげんな人が革命を起こす

「いいかげんな人」は身近にあふれている —— 016
いいかげんになれない日本人
理不尽に負けないために手に入れる5つのいいこと
人間関係もうまくいく

第2章 人間関係

距離を縮めることも置くことも、自分でコントロールできる

1 出会って2秒であだ名をつける —— 034
2 未来を勝手に予言する —— 037
3 タメ口のときだけ目を合わせる —— 040
4 相手によって自分を変える —— 043
5 自虐で油断させる —— 046
6 あえて図々しく振る舞う —— 049
7 自己アピール0（ゼロ） —— 052
8 人にどう思われても気にしない —— 055
9 人をあてにしない —— 058
10 ダメ出しの前ほど褒め殺す —— 061
11 嫌いな人とは極力接しない —— 064

第3章 働き方

仕事を増やしているのは自分かもしれない、と気づくところからスタート

12 責任は取るフリだけ 068
13 ムダな会議には出ない 071
14 3分とじっとしていられない 074
15 人も通信も遮断する 077
16 自分が楽しいことしかしない 081
17 忙しいときこそ休むチャンス 085
18 やたら締め切りを早める 088
19 今日できることも明日やる 091
20 誕生日は働かない 094
21 仕事は目の前のものから。定時までしかやらない 097
22 慣例に従わない 100
23 部下よりもまず自分 103
24 自室のドアは閉めない 106
25 部下を放任する 109
26 出張はもれなく食い倒れ 112
27 人のせいにする 115

第4章 行動

一歩踏み出すだけで驚くほど違った景色が見えてくる

28 深刻な悩みほど笑い飛ばす 120
29 早々と降参する 123
30 アポなしで突撃訪問する 126
31 自暴自棄万歳! 129
32 相手が誰だろうが直談判 132
33 無茶な夢でも口にする 135
34 突然歌い出す 138
35 なりたい自分を先取りする 141
36 急に音信不通になる 144
37 おいしいところを持っていく 147

38 細かいことは気にしない 150
39 合わないことはすぐ辞める 153
40 大物なのにいつもひとり行動 156

第5章 生活スタイル
あなたの大切なものが、あなたを守ってくれる

41 睡眠のために家族を巻き込む 160
42 趣味＞＞＞仕事 163
43 家族の時間を作らない 166
44 ラーメン友達を作る 169
45 医者の言うことを聞かない 172
46 常識クラッシャー 175
47 年賀状もお歳暮も贈らない 178
48 職場で寝る 181
49 ストレスは寝て忘れる 184
50 接客中でもものを食べる 187

第6章 考え方
いいかげんな人の常識が心を軽くさせる

51 苦労は買わない 192
52 人の意見を聞かない 196
53 ワークライフバランスは無視 199
54 流行（はやり）に流される 202
55 ルールは破るためにある 205
56 なすがままに流される 208
57 何も考えない 211
58 1日1悪 214
59 目標なんて持たない 217
60 自分がやらなくても、誰かがやる 220

おわりに 224

ブックデザイン／阿部早紀子
イラスト／キタハラケンタ
DTP／株式会社キャップス

第1章

いつだっていいかげんな人が革命を起こす

「いいかげんな人」は身近にあふれている

「いいかげん」という言葉を辞書で引いてみると、こう書いてあります。

①ちょうどよい。ほどよい

②ものごとをする態度が徹底していないようす。また、無責任なようす

（出典：三省堂現代新国語辞典第六版）

「あの人って、いいかげんだよね」と私たちが言うとき、そこにはこの辞書の②の意味がこめられています。

マイペース。手を抜く。自己中心的。突飛なことをする。ズルをする。

いいかげんだと感じる人たちは、このような特徴を持っていますね。

職場にこういう人がいたら、なるべく近づきたくないですよね。

間違ってもそんな人にはなりたくないなと思っている人もいるでしょう。

一般的には、ネガティブな意味合いで使うことが多い一方、辞書の①に目を向けると、ちょっと違った意味が書かれています。

ちょうどよい、ほどよい。つまり、良い加減という意味です。

「この温泉、ちょうどいいかげんだね」と言うとき、それは心地良ささえ感じさせる響きになります。

そのときどきでまったく違う意味になる。不思議な言葉です。

本書におけるいいかげんな人は、単なるイヤな人ではありません。
辞書の①と②の意味をミックスした人を指します。

一生懸命なのだけれどアンバランスだったり、適当なんだけれど押さえるべきところは押さえていたり。周囲をびっくりさせるような行動を取るけれど、それが人を感動させるものだったり。

そんな「いいかげん」な人たちは、自信に満ちていて、寛容性が高くておおらか。人とムダに衝突することがなく、ストレスを溜めこまず、肩の力が抜けていて、いつも機嫌がいい。

そして、仕事も人生も、完璧ではないけれどいい感じにうまくいっている。**欠点もたくさんあるのに、それが悔しいほどチャーミングに見えてしまうのです。**

私がインタビューした人たちもそうですが、大成功を収めたり、職場に新たな風を吹き込んだり、人に大きな影響を与える人に、そういう人が多いと感じます。

歴史上の人物や、革命的な起業家の中にも、いいかげんな人がいました。

例えば浮世絵師の葛飾北斎《かつしかほくさい》。絵に関しては天才ですが、それ以外はダメダメで、仕事相手とケンカするわ、お金にルーズで妻に出て行かれるわ、片付けができなくて家の中はごみ屋敷だったといいます。

黄熱病の研究など医学の発展に生涯を捧げた野口英世博士は、恩師にお金を借りて夜遊びをしまくっていたという逸話があります。

また、アップルの創始者、スティーブ・ジョブズは、社内のレストランで食事を摂るとき、お金を払うふりをして同僚に払わせ、ランチをタダで食べていたとか。

いつの時代も、そんないいかげんな人が革命を起こすのです。

いいかげんになれない日本人

とはいえ、私たちはなかなか彼らのようにいいかげんになれません。なぜなのでしょう。

日本人は真面目で勤勉。昔からそう言われてきましたが、それは今も変わりません。

ものごとのとらえ方のことを「認知」と言います。認知は人それぞれ違いますが、中にはストレスをためやすい認知があります。

日本人に多い、ストレスをためやすい認知は３つ。

「自己否定」

「対人過敏」

「完全癖」

自己否定は、何か起こったときに、「自分のせいでこうなった」と自分を責めること。

対人過敏は、人からどう思われているのか気になって仕方がないこと。

そして完全癖は、完璧主義とも言われますが、常に完璧を求めてしまうことです。


認知は、価値観を作り出します。

何があっても人のせいにしてはいけない。人から良く思われなくてはいけない。嫌われてはいけない。完璧にやり遂げなければいけない……。

あなたもこのような価値観を持っていませんか？　これこそが、私たちがいいかげんになれない理由です。

自分を責め、絶えず人の目を気にして、完璧を目指そうとし続ければ、疲れて当然。

体だけでなく、心も調子を崩してしまいます。

実際に、メンタルヘルス不調に陥っているのは、皆、真面目で一生懸命な人ばかり。自分よりも他人を優先し、理不尽なことを言われても黙って耐える。努力して成果を出し、本来は自分の担当でない業務を頼まれてもノーと言えず、どんどん仕事を抱え込んでしまう。困っている人がいれば自分のことをあとまわしにして助ける。

そういう、いわゆる「いい人」ばかりです。

頑張っているのに、いい人なのに、体調を崩すだなんて、それこそ理不尽です。

だからこそ、ちょっといいかげんになってみてほしいのです。

理不尽に負けないために手に入れる5つのいいこと

私はこのことに気づき、以前より少しいいかげんになれたことで、たくさんの恩恵を手に入れました。中でも次の5つは、手に入れることができて本当によかったと思うものです。

1 ストレスに強くなる
2 心も体も健康になる
3 自分を好きになる
4 人にやさしくなれる
5 人生がうまくいく

1　ストレスに強くなる

そもそもストレスとは、外部からの刺激のこと。人間関係やお金の心配といったイヤなことだけでなく、結婚や昇進などの嬉しい出来事も該当します。気温、ウイルス、スマホまで、ありとあらゆる刺激がストレスになります。

それをどう受け止めるか、どう対処するかによって、ストレスの影響が変わります。

例えば、仕事で失敗したとき。「能力がないから」と自分を責めると、とても辛いですね。落ち込んで、食欲もなくなってしまうかもしれません。

でもそんなとき、いいかげんな人は「自分のせいだけじゃないし、起きたことは仕方ない」と受け止めます。自分を責めず、次回気をつければいいと考えるので、くよくよ落ち込みません。

自分を責めても責めなくても、事実は何も変わりません。だったら、気楽にとらえたほうが楽だし、ストレスの影響も受けにくくなります。つまり、ストレスに強くなれるのです。

2　心も体も健康になる

メンタルヘルス疾患だけでなく、ほとんどの病気の要因になると言われているのが、ストレスです。

慢性的にストレスを抱えていると、循環器系、筋肉組織、消化器系、免疫機能の不調を引き起こします。そして、高血圧、心臓病、頭痛、潰瘍《かいよう》などの症状が現れます。その状態が続くと、重篤《じゅうとく》な病気になる可能性も。

また、ストレスは精神的なダメージも引き起こし、不安や怒り、うつ病、睡眠障害、イライラ感、自信の低下、燃え尽きなどにつながります。

とにかくストレスを溜め込まないこと。心と体の健康を保つにはそれが大切です。１００％じゃなく70％でＯＫと柔軟に考えたり、ちょっと怠けたりできるようになると、ストレスを溜めこまなくなるので、心も体も健康になります。

3　自分を好きになる

日本人は自己肯定感が低い傾向があると言われています。

こども家庭庁が13歳から29歳の若者に行った国際調査によると、「今の自分が好きだ」という質問に、「そう思う」と答えた割合は、日本は53・4％でした。ドイツ75・5％、アメリカ71・5％、フランス72・4％、スウェーデン71・8％と比べて、かなり低い結果となっています。

自己肯定感が低いということは、日本人に多い認知のひとつ、自己否定の傾向が強いということでもあります。仕事で失敗したり、職場でトラブルがあったときなどに、「自分のせいだ」と自分を責める日本人が多いことを、調査結果は物語っています。

本当は自分のせいではなかったとしても、自分が悪いと思い込めば、どんどん自分を嫌いになります。

いいかげんになると、たとえ失敗したとしても自分を必要以上に責めなくなります。弱音を吐けるようになり、ダメなところがあっても大丈夫だと思えるようになります。自分を許せるようになり、弱さや欠点を少しずつ受け入れていくと、自分を好きになれます。

4 人にやさしくなれる

完全癖のある人は、完璧に仕事をこなそうと全力で頑張ります。すると、その価値観を、他人にも無意識に求めてしまいます。

職場の中に適当に仕事をこなしている人がいると、許せません。そして、その相手に怒りをぶつけたり、嫌みを言ったり、もやもやし続けてストレスを溜め込みます。

結果、相手との関係性も悪くなります。

ちゃんとしていることはすばらしいのですが、自分に厳しいぶん、人にもやさしくできません。

完全癖をゆるめると、ちょっとぐらいミスをしたって、手を抜いたってどうってことないと思えるようになります。

そんなふうに完全ではない自分を受け入れることで、他人の不完全さも受け入れられるようになります。自分にも、人にもやさしくなれます。

5　人生がうまくいく

ストレスと生産性の関係を示す「ヤーキーズ・ドットソンの法則」によると、ストレス度が大きいときは生産性が下がります。ストレスが蓄積すると疲れるので、集中力や思考力が低下し、生産性が落ちてしまうのです。

もっとも生産性が上がるのは、実は適度にストレスがあるとき。ほどよい刺激があると、人間は頑張れるのです。つまり、ストレスが「良い加減」のとき、もっともパフォーマンスが上がるということです。

気合を入れすぎると、体に力が入ってミスをしてしまうことがあります。逆に、リラックスして力が抜けると、とてもいい結果を残せます。

完璧を目指して極限までクオリティを高めたほうが、仕事はうまくいきそうな感じがしますね。でも高すぎる目標を立てたり根を詰めて頑張りすぎると、ストレスが高まり、パフォーマンスが落ちて、実力を発揮できなくなります。結果としてうまくいきません。

仕事も人生も、リラックスして臨むのが正解。いいかげんになって、力を抜くことが大事なのです。

人間関係もうまくいく

以上5つの要素が手に入ると、さらに嬉しいことが起こります。**人間関係がうまくいくようになるのです。**

いいかげんな人は、人間関係で遠慮しません。

人に頼るし、手伝ってもらうことをためらいません。困ったときにはすぐに誰かに相談し、ひとりでこなすのが難しいときには「助けて」と言います。

人に迷惑をかけずに生きていくことなどできないとわかっているから、躊《ちゅう》躇《ちょ》なくそういうことができるのです。

実は、迷惑をかけたり頼ったりすることで、人から好かれるようになります。人間関係が良好になるのです。

なぜなのか気になりますよね。

いいかげんな人たちの言動には、人生を好転させる不思議なからくりが潜んでいます。これから紹介するエピソードの中に、それがたくさん散りばめられています。

第2章から始まるエピソードを参考に、5つの要素と良好な人間関係を手に入れてください!

第2章 人間関係

距離を縮めることも置くことも、自分でコントロールできる

1 出会って2秒であだ名をつける

特別な呼び方は相手との距離を短時間で縮める

あなたは人と出会ったとき、どのタイミングであだ名で呼び始めますか？

いつまでも苗字にさん付けだとよそよそしい感じがするけれど、かといってあまりに早い段階だと失礼だし……。意外と悩ましいものですよね。

ある歌手の取材をしたときのこと。私が名刺を渡すと、その人はそれを手に取るやいなや、こう言い放ちました。

「とこぽん！」

私の名前をモジってあだ名をつけたのです。その間、わずか2秒。

その人は、人をあだ名で呼ぶことで有名でしたが、出会ってすぐにあだ名をつけられるなんて。私は驚き、戸惑いました。

でも、感激し、とても嬉しくて、思わず「ありがとうございます！　嬉しいです！」と、大きな声で答えていました。

もしかすると、これは彼のテクニックなのかもしれません。というのも、「**ネームコーリング**」という、心の距離が縮まる心理的効果があるからです。名前を呼んでもらえると、「存在を認められた」、「好意を持たれている」と感じ、相手に親近感や信頼感を抱くようになります。

「今日は天気がいいですね」と言うのではなく、「佐藤さん、今日は天気がいいですね」と名前を入れることで、心の距離が縮まるのです。

さらにあだ名で呼ぶことで、親近感が増します。**あだ名は隠語の一種で、親密さの象徴。結束や連帯感を高める効果があるのです。**

歌手にあだ名で呼んでもらえたからか、私はその一瞬で緊張感がほどけ、まるで古くからの友人と話している錯覚に陥りながら、楽しくインタビューできました。

仲良くなりたい人がいるなら、早い段階で思い切ってあだ名で呼んでみてはいかがですか？

一足飛びに気の置けない仲になれるかもしれませんよ。

いいかげんのすすめ

苗字＋敬称から抜け出せば、関係性は変わる

2 未来を勝手に予言する

期待を口にするとその通りになる

カウンセラーの資格を取ったばかりで何もできない私に、いつも「大丈夫、あなたならできる」と声をかけてくれた恩人がいます。

初めて研修講師として登壇するときには、「絶対いい研修になる。あなたならできる！」と、まるで未来を勝手に予言するがごとく、背中を押してくれました。そのおかげで予想以上にいい反響をいただくことができたのです。

誰かに期待されると、プレッシャーに感じる一方で、なんだか嬉しい。勇気がわいてきて、相手の期待に応えようと頑張ることができます。

私たちはそんなふうに、他人の言葉に左右されます。

アメリカの教育心理学者、ロバート・ローゼンタールは、とある小学校で、ランダムに複数の児童を選び、「成長が期待できる」と担任の教師に伝えました。するとその後、その児童たちの成績が本当に伸びたのです。なぜなら、担任の教師が児童に期待をかけたから。

ローゼンタールは、**他者の期待によって学習や作業の成果が上がる**という心理的効果を提唱しました。それは**「ピグマリオン効果」**と呼ばれています。

未来を勝手に予言すると、それは現実になるということです。

誰かに頑張ってほしいとき、良い未来を勝手に予言してみると、思いがけず嬉しい結果が得られるかもしれません。

恩人の「あなたならできる」は、実は口グセだったのだとあとで知りました。うまくいくかどうかもわからないのに、「あなたならできる」と言いまくっているのです。

それでも、私以外にも何人ものカウンセラーを育てています。

ピグマリオン効果を狙っているのかどうかわかりませんが、人を育てるのが抜群に上手なことには間違いありません。

いいかげんのすすめ

部下や後輩に「あなたはできる」と言いまくると、巡り巡って自分が楽になれる

3 タメ口のときだけ目を合わせる

好感度を上げるには一瞬のアイコンタクトがカギ

何度か取材をしたアーティストは、あまり目を見てくれない人でした。斜め下や斜め上ばかり見ているので、「質問がつまらないのかな。それとも信頼してくれていないのかな」と不安になってしまいます。

ところが彼は、「〜なんだよね」とタメ口をきく瞬間にふっと、私の目を見るのです。

ほんの一瞬のアイコンタクト攻撃！

それを、1時間の取材時間の中に、何度かしかけてくるのです。ドキッとして、心拍数が急激に上がるのを感じつつも、私は常に冷静を装って取材を続けました。

アイコンタクトは、あなたと積極的にかかわりたいという思いを表す行為。

信頼関係の構築には欠かせないコミュニケーションスキルです。

私はカウンセリングをする際、アイコンタクトを常に意識しています。目を見ることで、「あなたの話をしっかり聴きます、理解したいです」という思いを伝えることができ、初対面でも短い時間で信頼関係の構築ができます。

とはいえ、実はアイコンタクトのしすぎも良くありません。ある研究によれば、アイコンタクトを、全体の時間の半分から4分の3程度に抑えたときが最も友好度が高まることがわかりました。また、2秒以上目を見つめると、友好度が下がってしまうことも明らかになりました。

つまり、**1秒程度のアイコンタクトを繰り返すと、いい関係性が保てるの**

です。

件《くだん》のアーティストの取材をするたび、どんどんファンになっている私がいました。彼は、人たらしで有名。スタッフからの評判も非常にいいのです。絶妙なさじ加減のアイコンタクトで、たくさんの人の心をわしづかみにしてきたのだと思います。

一生懸命目を見るのではなく、ふっと一瞬目を合わせる。プレゼンや営業でもきっと有効です。

いいかげんのすすめ

一瞬だけ目を合わせて、あとは飄々《ひょうひょう》としておけばOK

4 相手によって自分を変える

相手の懐《ふところ》に入るために役になりきる

どんな人にも同じ態度を取ることが正しい。相手によって態度を変えるなんてズルい。そんなふうに思ったことはありますか？

でも、すべての人に同じ自分でいることは「戦略」としてはたして有効なのでしょうか。

ある大企業の社長のインタビューをしたときのこと。

回転チェアに座った社長は、椅子を左へ右へとくるくる回転させ続けていました。まるで、初めて回転チェアに座った子どもが、物珍しそうにくるくるするがごとく。

誰もが知っている会社の社長です。私は緊張していましたが、くるくる回る社長を見て、思わず吹き出してしまいました。話し方もとても柔らかく、親戚のお茶目な叔父さんと話しているかのような感覚に陥りました。

社長は、相手によってあえて接し方を変えると話してくれました。

その人が父親ぐらいの年齢なら子どものように接する。祖父のような人なら、自分は孫になる。そうすると、とてもかわいがってもらえたのだと言います。若いころは特に、この技を使ったとのこと。

上司を前にしたときと、親友と一緒にいるときでは、あなたのふるまい方は違うはずです。**誰かと交流するときのふるまいを「ペルソナ」と言います。**これはいわば、仮面。私たちは無意識に、そのときどきで仮面をつけかえているのです。

社長は私に「親戚の叔父さん」というペルソナを見せていたのでしょう。相手によって意図的に態度を変えているわけですから、周囲からしたら、ズルい人なのかもしれません。でも同時に、そうしてペルソナを戦略的に使い分けていたからこそ、社長になれたのかもしれないとも感じました。

「これは自分だけに見せてくれる顔だ」と感じたら、心を揺さぶられ、その相手に好感を抱いてしまうのが人間ですから。

いいかげんのすすめ

いろんな顔を持っていると、人づきあいは思いのまま

5 自虐で油断させる

完ぺきでないことを
あえてカミングアウトする

自分の出身地を自虐的な歌にして一世風靡した芸人がいます。田舎っぷりをけちょんけちょんにけなした卑屈感たっぷりの歌詞でしたから、地元の人たちはさぞかし怒っているのでは？　と思いました。しかし、その歌をいちばん支持して笑っていたのは、ほかでもない地元の人たちだったのです。

インタビューのときも、その芸人は自虐ジョークをところどころで繰り出し、思い切り笑わせてくれました。

一般的に自虐は、自分をいじめる行為。私も研修やセミナーでは、「自分を傷つける言葉を使うのは控えましょう」と伝えています。
しかし、**オーストラリアの研究機関によると、「自虐的なジョークを言うことは、親しみやすさを築くのに有効」だとのこと。**

確かに、この芸人は、とても親しみやすいキャラクターとして認識されています。彼が自虐ジョークを口にするたびに、私は思わず油断し、心を開いていたのです。そしていつの間にか、ファンになっていました。

自虐ジョークは、いわば「逆マウンティング」。

ビジネスパーソンでも「私がいるので暖房いらずですね」などと、自分の体形を自虐ジョークにして笑いを取る人がいます。また、頭のいい人や地位の高い人が失敗話を放ってくれると、なんだかホッとします。
マウンティングは嫌われますが、ちょっとした失敗談や苦手なことなどの自虐ジョークを会話に盛り込むことで、好感度は上がります。

人間関係の潤滑油として自虐ジョークをうまく使えるといいですね。
ただし、とても高度なワザなので、よく練ってから使うことをおすすめします。
私も、自虐ジョークが下手な自分を自虐するジョークを作れないか、模索中です。

いいかげんのすすめ

相手を持ち上げるより、自分が一段下がるほうが簡単

6 あえて図々しく振る舞う

自分から踏み込むことで心を開いてもらう

謙虚が美徳とされる日本では、図々しい人は嫌われがちです。電車で空いた席に我先に座る人。旅行帰りの人が会社に持ってきてくれたお土産をガバッと取っていく人。

そんな人を見ると、「ちょっとは遠慮すればいいのに。ああはなりたくない」と思ってしまいますね。

私も図々しさを嫌っていましたが、あるバンドとの出会いで、考えが覆《くつがえ》りました。

とても好感度が高く、多くの人に愛されているそのバンドに、「人と仲良くなる秘訣」を聞いたときのことです。

きっとうまい会話の仕方を教えてくれるのだろうなと予想していたのですが、返ってきた答えは意外なものでした。

「食べ物を出されたらおかわりするんですよ」

誰かが料理を振る舞ってくれたら、ごちそうしてくれたら、おいしそうに食べる。全部食べつくす。さらに、おかわりする。

それが秘訣だというのです。

人に何かをしてあげると、その相手に好意を持つという不思議な現象があります。これを、**「フランクリン効果」**と言います。

私たちは、人に何かをしてあげると、「自分はこの人のことが好きだからやってあげたんだ」とまったく無意識に錯覚します。そして、実際に相手に好感を持つのです。

つまり、**相手に好きになってほしいなら、どんどんお願いやおねだりをしてしまうといいのです。**

人から愛されたいなら、遠慮も謙虚さも無用。図々しいくらいに相手に踏み込むと、嬉しい結果が待っているかもしれません。

いいかげんのすすめ

人の好意を受け取るだけで、もっと好いてもらえる

7 自己アピール0《ゼロ》

人より早く成長するには話す力より聴く力が大事

経営者が集まるパーティに参加したときのことです。どの社長も、名刺交換するなり、ご自身のことや自社製品のことを話してくれます。

さすがに社長だけあって、熱量が高いし話がうまい。私は圧倒されっぱなしで、聴き役に回るしかありませんでした。

そんな中、ちょっと変わった人がいました。私の名刺を見て、

「なぜメンタルヘルスのお仕事に転向されたんですか？」

「どのようなお悩みをよく相談されるのですか？」

と、あれやこれや訊いてくるのです。「ほぉ〜」「へぇ〜」とあいづちを打ちながら質問を繰り返し、結局、その人は自分の話はまったくせず、立ち去って行きました。

自己アピールをしてなんぼの場なのに、アピール0《ゼロ》。ほかの社長たちと真逆な立ち居振る舞いを不思議に思いました。

翌日、私はその社長のことが妙に気になって調べてみました。

なんと、複数の会社の経営を担《にな》ってきた「プロ経営者」だったのです！

彼は、私の話を「聴く」ことに徹していました。

聴くとは、相手を理解しようと積極的に耳を傾けること。聴くことによって、相手は「自分を理解してくれる」と安心します。安心感が生まれると心を開きたくなります。そして、信頼関係が築きやすくなるのです。

ビジネスでは、信頼が最も重要。ゆえに、話して自己アピールすることよ

りも、しっかり聴くことのほうが何倍も大切です。

自己アピールなどしなくても、聴くことで相手にインパクトを残すことができる。

聴くことを専門的に勉強してきた私ですが、プロ経営者の姿に、改めてそのパワーを思い知りました。

いいかげんのすすめ

話し下手でも、うなずき、あいづちを打つことで話は弾む

8 人にどう思われても気にしない

いつも同じスタイルを貫く

取材原稿を書いたら、事実に間違いがないかどうか先方にチェックしてもらう工程があります。特に著名人の場合は、イメージが大切な仕事なのでチェックは必須。

時には、イメージにそぐわない文言に修正が入ることがあります。

ところが、稀《まれ》にほとんど修正しない人たちがいます。

長年、第一線で活躍を続けている超大物アーティストもそう。腰が低く、ジョークで笑わせてくれるなど、取材では気持ちよい対応をしてくれました。

1週間後。原稿を送りました。ドキドキしながら待っていると、予想外の返事が。

「先日はありがとうございました。このままでお願いします」

あまりのあっけなさに、気が抜けました。ホッとする一方で、「本当にちゃんと読んだのかな?」と不安にさえなりました。

しかしそのとき、ある音楽プロデューサーのこんな言葉を思い出しました。

「売れているアーティストは、セルフプロデュースがうまいんです」

まさに、このアーティストは、セルフプロデュースの達人です。

デビューから一貫してイメージは変わっていません。音楽性もファッションも発するメッセージも、数十年ぶれていないのです。

私はインタビューの際、昔からのイメージを抱いて話を聴きました。そして彼らも想定通りの受け答えをしてくれました。だから、すらすらと原稿が書けたのです。イメージとは違う原稿の書きようがない、と言ってもいいでしょう。

修正が入らなかったのはそういうわけだったのだと、気づきました。

商品も人も、一貫したイメージを見せるのが大事。それができると、一部の人に何を言われても、どう思われても、気にすることはなくなるのです。

いいかげんのすすめ

自分らしさを譲らなければ、スタイルはできあがる

9 人をあてにしない

期待をしないと相手を純粋に評価できる

「私はね、人をあてにしていないんですよ」

これは、中小企業の社長Sさんのポリシー。初対面で少し話したときに言われた言葉です。

Sさんは、人をあてにしてがっかりするくらいなら、初めからしないほうがいいのだと、理由を教えてくれました。

社員に聞くと、実際、Sさんはとてもクール。

すべての社員をさん付けで呼び、敬語で話します。社員のプライベートについてもほとんど詮索しませんし、忘年会や新年会以外は飲み会にも参加しないと言います。

社長だったら、社員を頼りにして当然だし、社員と深く交流すべきだと思っていた私は、冷たい人だなと感じました。

しかし、同時にSさんは、「嫌いな人はいない」とも言います。あてにしないけれど、嫌いな人もいない。どういうことなのだろう？　と思っていたとき、**「役割期待」**という言葉に偶然、出合いました。

役割期待とは、他人に勝手に何かしらの役割を期待すること。たとえば、「社長なら社員を頼りにすべき」、「新入社員なら初々しくあるべき」といった具合です。

自分が社長から頼りにしてもらって嬉しかった経験がある人は、「社長なら社員を頼りにすべき」と自然に思うようになります。**経験から生まれるそ**

ういった期待を、私たちは無意識に相手に求めてしまうのです。そしてその期待通りに相手が行動しないと、イラっとしてしまいます。

Sさんが「人をあてにしない」のは、勝手に期待して人に不満を感じないためだったのだとわかりました。それは人間関係でストレスをためない技術であると同時に、社員を心から信頼している証でもあるのだと思います。

いいかげんのすすめ

何かしてもらえたら
「ラッキー」と思うくらいがちょうどいい

10

ダメ出しの前ほど褒め殺す

承認されると喜んで動きたくなる気持ちを活かす

20代で起業し、大成功を収めた女性の取材をしたときのことです。

取材の数日後、原稿を書き上げ確認をしてもらうために送ったところ、返事が届きました。そこには、このような一文が書かれていました。

「先日は楽しい取材をありがとうございました！　船見さんがとても聴き上手なので、ついついしゃべりすぎてしまいました（笑）。実はこれから〜〜しようと考えているので、この部分は△△のように変えていただけますとありがたいです」

修正してほしいと言われたのに、私はとてもいい気分になっていました。聴き上手だと褒められたからです。

誰でもダメ出しされるのは嫌なものです。私も、心を込めて書いた原稿の修正依頼にムカッとすることがあります。

でもこのときは、聴き上手だと褒められて気分が良くなっているところにダメ出しされたので、自分でも驚くほど素直に修正依頼を受け取れたのです。

「褒める」ことは、相手を承認する行為。承認してくれる人に、人は心を開きます。日本の経営の神様・松下幸之助さんも、「人を使うには、ほめて使う、叱って使う、批判して使うなどいろいろあるが、ほめて使う人が概して成功している」という言葉を残しています。

「褒め殺し」が上手になると、相手を動かすことができるのだと、この起業家の言葉に触れて、改めて感じました。

聴き上手だという彼女の褒め殺しは、もしかすると口先だけの言葉だったのかもしれません。でも、私の気分を上げ、動かしたのは事実。

ダメ出ししなくてはいけないとき。口先だけでもいいので、はじめに褒め殺してみてください。相手は、予想以上に変わってくれるかもしれません。

いいかげんのすすめ

褒められて不快になる人はまずいない。
どんどん褒めるべし

11 嫌いな人とは極力接しない

0―100ではない距離の取り方をマスターする

ある職場で、全員カウンセリングを行いました。その中に、ストレスチェックのスコアがとても高いMさんという人がいました。人間関係の数値が高かったので、さぞかしコミュニケーション能力が高いのだろうな、苦手な人なんかいないのかなと思いながら、話を聴きました。すると、意外な答えが返ってきました。

嫌いな人はいるし、実際、今のチームにもいると言うのです。でも、「ブロックしているから大丈夫」だと続けます。

ブロックってどういうこと？　と、突っ込まずにはいられません。

「必要なとき以外は、話さない。近くに寄らない。視界に入れない。そうやって、接する機会を最小限にとどめるんです」

好青年というイメージとは裏腹のその言葉に、少々ドキリとしました。

心理学の巨頭、アルフレッド・アドラーは、「人間の悩みはすべて対人関係の悩みである」という言葉を残しています。現代を生きる私たちもまさしくその通り。働く人の悩みの多くは、職場の人間関係です。

そこで必要になるのが、人間関係術。Mさんは、気の合う人とは仲良くしますが、嫌いな人とは極力接しないようにしているのです。

みんなと仲良くしようとしている人から見ると、自分勝手に映るかもしれません。

でも、Mさんは無理していません。それが、**ストレスをためない秘訣であり、職場で仕事を円滑に進めるための人間関係術なのです。**その証拠に、カウンセリングでは、メンバーからMさんの名前が何度か出てきました。「とても気にかけてくれる」と言う後輩もいれば、「ムードメーカーなのでありがたい」と言う先輩もいました。周囲から慕われているのがわかります。

嫌いな人はいて当然。必要以上につきあわない。Mさんのそんな考え方はとても人間らしく、それがかえって好感度を高めているのだと感じました。

いいかげんのすすめ

苦手な人を苦手だと認めると楽になる

第3章

働き方

仕事を増やしているのは
自分かもしれない、
と気づくところからスタート

12

責任は取るフリだけ

上司が気楽なほうが仕事の成果は出る

上司から「思い切ってやってごらん。責任は私が取るから」と言われると、不思議とやる気がむくむくわいてきますね。私もかつて、上司にそう言われていました。

誰にも何も言われず、雑誌のページを自由に作らせてもらえる喜びで、仕事が楽しくて仕方ありませんでした。作業に熱中して、気づけば深夜になっていたなんていうこともあるほどでした。

あるとき、取引先との間でちょっとしたトラブルが起きました。責任を取

ると言ってくれたし、上司に解決してもらおうと、相談してみることに。ところが、

「そうか、先方とよく話してみたら?」と、のほほんと言われたのです。

ええ、責任取ってくれるんじゃなかったの!? 唖然《あぜん》としました。

しかし抗議している暇などありません。上司が助けてくれないなら私がなんとかするしかない! 腹をくくり、取引先へ向かいました。そして、しどろもどろになりながらも必死に先方と話をし、無事に解決しました。

「マネジメントの父」と呼ばれる経営学者、ピーター・ドラッカーは、**部下に責任を持たせることで成功を収められる**と述べています。

部下に権限委譲することとは、モチベーションを高めるのに重要だと言われていますが、仕事を任せるだけでは足りないのです。責任を含めて任せることで、人は成長するのだと、ドラッカーの言葉が教えてくれています。

今では、あのときの上司の思いがわかります。上司は、責任を取るフリだけをすることで、私に成功を収めさせようとしたのです。

自ら責任を取り、問題を解決することで、私は、「自分の力でなんとかできる！」と自己効力感を高めることができました。同時に、すべて自分でコントロールすることの楽しさも知りました。責任を持つからこそ仕事は面白くなるとわかったのです。

責任を取るフリだけ作戦に、してやられました。

いいかげんのすすめ
いざとなれば、なんとかなる

13 ムダな会議には出ない

余計な仕事をしょい込まない方法

ある飲み会で出会った中学校教員のNさん。平日の早めの時間からの会に参加してきていて、なおかつとてもエネルギッシュ。私がそれまでカウンセリングしてきた教員の多くが、長時間労働で疲れていたので、そのギャップに驚きました。

なぜこんな時間に帰れるの？　なぜそんなに元気なの？　思わず矢継ぎ早に質問すると、今日はムダな会議があったから、授業の研究のためにセミナーに参加すると言って出てきたと、Nさんは言います。**報告や連絡だけの**

会議など、自分がムダだと思う業務はやらないと決めている。だから元気なのだというのです。

日本の職場では、足並みをそろえることが暗黙の了解。Nさんのようにひとりだけ違った行動は取りにくいものですよね。

仕事は終わっているのに、みんなが残っているから帰れない。本当は和食を食べたかったけれど、みんながパスタランチを食べたいと言うからあきらめた。会議でほかの人とは違う意見があるのに言い出せなかった……。

多かれ少なかれ、あなたにもそういう経験があるのではないですか？

そうだとすると、まさしく**「同調圧力」**に巻き込まれています。

同調圧力とは、まわりに合わせなさいという心理的プレッシャー。集団の中で安全に生きていくためには、周囲と同調することが不可欠。同調しなければ、仲間外れにされたりいじめられるかもしれない。そういう不安があるために、本当はイヤなのにまわりに合わせてしまうのです。

Nさんの、自分の心に素直に行動する勇気、ちょっとうらやましいですね。

でも、彼のように大胆なことはなかなかできるものではありません。

まずは会議でほかの人とは違う意見を持ったとき、素直に発言してみてはいかがでしょう。私も試みた経験がありますが、意外とすんなり受け入れてもらえましたよ。

いいかげんのすすめ

嘘も方便。自分のためにうまく使いこなす

14

3分とじっとしていられない

動くほどアイデアがあふれてくる

カウンセリングである企業を訪れたときのこと。職場を見学させてもらったところ、ある人に目が釘付けになりました。

席を立って誰かと話したと思えば、別の人のところへ行く。戻ってきて作業したと思ったら、今度はまた違う人のところへ。せわしなく動き回り、3分とじっとしていない。集中して作業できているのか心配になるほどでした。

マイアミ大学のアーロン・ヘラー准教授らのチームは、**「日々の身体的な位置の変動が人間のポジティブな感情の増加と関連する」**という研究成果を発表しています。

動けば動くほど、幸せになれるということです。

幸せは、良好な人間関係によってももたらされます。

職場を歩き回り、いろいろな人と会話して人間関係が向上すれば、動くことの相乗効果で幸福度はグンと高まります。

米イリノイ大学のエド・ディーナー博士らの研究では、**幸福度が高い人は、そうでない人と比べて生産性が31%高く、創造性は3倍高い**ことも明らかになっています。

3分とじっとしていない人とカウンセリングで話したところ、動くといい仕事ができる感じがする。気分が良くなって、アイデアもわいてくると話してくれました。幸福度と生産性が高まるのを実感しているから、動き回るスタイルを貫いていたのです。

その人は、ストレスチェックの結果も良好で、健康そのもの。チームリーダーとしてメンバーをまとめていますが、取引先からも絶大な信頼を寄せられていると、上司から聞きました。

その人はまた、動いているとメンバーからの相談も減るのだと、ペロッと舌を出して言いました。リーダーがつかまりにくい状態にあるとメンバーも育つ!? のかもしれません。

いいかげんのすすめ

落ち着きのなさと創造性は比例する

15

人も通信も遮断する

不便に暮らすことで感性を研ぎ澄ます

スマホの電波が届かない場所に、約3週間、ひとりで泊まることになったら？　考えただけで不安になりますね。ところが、そんな状況に自らを追い込んだ人がいます。

あるシンガーソングライターは、楽曲制作のためになんと22日間、ひとりぼっちで、電波の通じない山小屋にこもりました。なにもそんな場所じゃなくても、ひとりになれる空間なんていくらでもあるだろうに。

そんな思いが、インタビューをしながら頭の中をぐるぐる駆け巡りました。

しかし、あえて人も通信も遮断した環境に身を置くことで、徹底的に孤独と向き合いたかったのだと、その人は言います。

アメリカの社会心理学者、イヴァン・D・スタイナーの研究によると、**孤独なほうが独創的になれる**とのこと。集団で考えるよりもひとりで考えるほうが、アイデアの数だけでなく、クリエイティブなアイデアの数も多かったそうです。

また、医師でハーバード大学医学大学院准教授のジョン・J・レイティは、自然と触れ合うことで、現代生活の中で失った野生を取り戻すことができると説いています。

つまり、**自然の中で孤独になることで、野生のエネルギーが湧き出て、情熱的な創作活動が進む**と考えられます。実際、このシンガーソングライターの新作は、力強く、野性味を感じさせる内容に仕上がっていました。

……書いていて、思い出しました。かつて、私は西表島《いりおもてじま》のジャングルに分け入ったことがあります。深い緑の香りを嗅ぎ木々に触れているうち、野生がムクムクと目覚めるのを感じました。気づけば、足元から上ってくるヒルを素手でつかんで投げ捨てていました。普段は虫を触るのもイヤなのに。

それは、衝撃的で、誇らしい感覚でした。メイクやファッションに気を遣っていたけれど、自分の足で大地を踏みしめて生きていく力のほうがずっと大事だと意識が変わったのです。

現代の生活は本当に便利です。でも、だからこそ生まれるわずらわしさもあります。デジタルデバイスの使用で体本来のリズムが崩されて、健康を失っている人もたくさんいます。

野生を取り戻すために、私も煮詰まったときは、自然が豊かな場所に行くようにしています。自然の中、自分と向き合うことは、想像以上にパワーを与えてくれます。

いいかげんのすすめ

煮詰まったときは自然の中に身を投げてみる

16

自分が楽しいことしかしない

捉え方を変えると仕事はおもしろくなる

どうしたら人の心をつかめるのか、知りたいですよね。

インタビューは短い時間で心を開いてもらうことが大事。どうしたら相手の心をつかみ、開いてもらえるのか、私も知りたくてたまりませんでした。

そこであるとき、人気男性アーティストに、「ファンの心をつかみ続ける秘訣は？」と質問してみたのです。

答えは超意外！「自分が楽しむ。それだけです」でした。

え？　人を楽しませるのがあなたの仕事じゃないの？

仕事は、人のために奉仕するもの。自分が楽しいかどうかなんて二の次と考えていた私は、言葉の意味を理解できずにいました。

すると彼は、**人が何を楽しいと思うかなんてわからないから、まずは自分が楽しむ**のだと、言い換えてくれました。

あ……。しばしの沈黙のあと、私はその言葉の真意に気づきました。それは、「感情は伝わるものだから、まずは自分の感情をポジティブにする」という意味だったのです。

「情動伝染」という心理現象が、まさにこれに当たります。他者の感情を感じると、自分も同じ感情になる現象のことです。目の前の友達が笑っていたら、自分も楽しくなりますね。悲しんでいる人を見ると、こちらも悲しい気分になるものです。

「情動伝染」は親和的な関係性の中で起こりやすいと言われています。アーティストが楽しい気分で表現をしていれば、ファンも自然と楽しくなるのは必然。

それを知ってか知らずか、彼は、自分が楽しむことにこだわっていたのだと私は理解しました。

だから、どんな仕事も、人の心をつかんで成功するには、楽しんだもの勝ちです。

例えば、あるテーマパークでは、掃除スタッフが地面にキャラクターの絵を描きます。それによって掃除の仕事が楽しくなります。そして、楽しそうに絵を描く姿を見たお客さんも喜んでくれます。情動伝染が起き、みんながハッピーになります。

あなたの仕事は、どんなふうに楽しめそうでしょうか？

いいかげんのすすめ

仕事は義務だと思ったら負け

17

忙しいときこそ休むチャンス

永く働くために休息を取る

音楽番組が毎日のように放送されていた2000年代初頭。メディアで見ない日はないほどの売れっ子だったアーティストは、「忙しすぎたのでちょっと休みたい」と、2年間の休養を取りました。

また、ヒットを連発していた歌手も、「疲れたから小休止します」と突然、活動休止宣言をし、1年半ほど休みました。

ふたりとも、ノリに乗っている一番いい時期。しかも当時は、休む＝引退と解釈される雰囲気もありましたから、世間は騒然としました。

私も、この人たち、いなくなっちゃうんだ……と悲しい気持ちになったのを覚えています。

ところが、ふたりとも復帰するやいなや、当時の人気を取り戻しました。それどころか、休業前以上に揺るぎない地位を築きました。

私は、復帰後のふたりにインタビューしました。どんな思いで休みに入ったのか尋ねると、

「仕事を続けて体調を崩すより、未来のために今休もうと思った」

「スタッフには悪いと思ったけど、曲が作れなくて苦しかったから」

と、胸の内を明かしてくれました。**思い切って休んだからこそ、失ったエネルギーを充電でき、復帰後の大活躍につながったのです。**

日本人は休み下手です。体調が良くないけど、同僚に迷惑をかけるから休めない。みんな有給休暇を取らないから、申請しにくい。いろんな不安があって、休めません。そうして頑張り続けて、「慢性疲労症候群」に陥る人

も少なくありません。

疲労は、放置すると蓄積します。蓄積段階が進むと、うつ状態に陥りやすくなります。予防のためには、疲れてから休むのではなく、疲れる前に休むことが大切です。

忙しい時期に休んでも、どうってことないのです。そのことを、絶頂期に長期間休養を取ったふたりのアーティストが教えてくれました。

いいかげんのすすめ

やる気も才能も、燃え尽きる前に充電する

18 やたら締め切りを早める

不要に時間をかけて仕事しない

締め切りを作ることは大事だと言われていますが、やたら締め切りを早める人がいます。私が以前、よく一緒に組んでいた編集者です。

彼女は、ライターやデザイナーに伝える締め切りをサバを読んで1週間前に設定するだけでなく、自分自身の締め切りも早めるのです。1週間で仕上げればいいものを3日で終わらせようと計画を立て、実行してしまうのです。

どうしてそんなに生き急ぐの？　と思ってしまいますが、「期限を長くしても短くしても同じ。終わらせようと思えば終わる」と彼女は言います。

イギリスの歴史・政治学者、シリル・ノースコート・パーキンソンは「仕事の量は、完成のために与えられた時間をすべて満たすまで膨張する」という法則を提唱しました。**時間があればあるほど、仕事の量は増えるという「パーキンソンの法則」です。**

これは、イギリスの行政組織で、仕事の量や難易度に関係なく公務員の人数が一定の割合で増加し続けていたことから発見された法則。

本来なら1時間で終わる作業を1日かけていいと言われると、結局1日かかってしまうような現象を表しています。

今から25年ほど前、毎日残業禁止というルールを作った会社を取材しました。残業できなくなった社員は、最初は戸惑ったそうです。ところが、定時が締め切り、という発想が定着すると、自然に優先順位や効率を考えるようになり、残業しなくても仕事が終わるようになったと言います。

締め切りを作ることで集中力が高まり、効率が高まります。
時間が足りない、人手が足りないと悲鳴を上げる職場は多いですが、時間や人を増やせばいいというものでもないのです。

締め切りをやたら早める編集者は、仕事をサクッと終わらせて、好きなアーティストのライブに行ったり、話題の店に足を運んだりと、自分の時間を満喫していますよ。

いいかげんのすすめ

デッドラインを決めると仕事は終わる

19 今日できることも明日やる

やるべきことをこれ以上増やさない

締め切りを早める人がいる一方、真逆の方法で成功している人もいます。

私が以前、一緒に仕事をしていた人は、いわゆるルーズな人。ギリギリにならないと動かないし、集まりにはいつも遅刻してきます。それを悪いとも思っていないようで、席に着くなり食事を始めたりするのです。その人の口ぐせは「今日できることも明日やる！」でした。

その人がギリギリまで動かないので、こちらも動くことができず、「いやいや、何を言っているの？　今日できることは今日やってよ」と、何度思ったことか。

私は彼女に振り回されてイラっとしていたわけですが、それもそのはず。私は典型的な「タイプA行動パターン」だったからです。


人は、生まれ持った性格によって行動パターンが異なります。

そのひとつ、タイプAは、競争心が強い、仕事に熱中する、攻撃的、イライラしやすいという特徴があります。仕事熱心なので社会的に認められるものの、ストレスをためやすい傾向があります。


一方、彼女は、「タイプB行動パターン」。**ゆとりがあり、時間に追われず、怒りや敵意もなく、のんき気で、競争的ではない**という特徴があります。ストレスをためにくい、おおらかなタイプです。

彼女は、のんびりしているので仕事をため込みがちですが、なぜかいつも締め切りギリギリに仕事を仕上げます。帳尻合わせがうまいのです。

私は1週間かけたのに、彼女は3日間で仕上げてしまうなんて。私はがっくりし、イライラしていた自分を「器が小さいなぁ」と、反省するのでした。

今はときどき、「今日できることを明日やる」に挑戦しています。

結果、時間に余裕ができた感覚が持てて、ストレスが減りました。ちょっとぐらいほったらかしにしても、なんとかなるのだとわかりました。

いいかげんのすすめ

放置してもたいていのことは何とかなる

20

誕生日は働かない

有休を取ることの罪悪感をなくす方法

某市役所のある部署は過重労働気味でした。残業は多いし休日出勤もあります。メンバーたちは皆、仕事が大好きで、代休も取らず働いていました。

その部署のトップである課長に会いました。話を聴くとなんと、部下たちがそんなに働いているのに、「私は自分の誕生日は有給休暇を取っています」と言うではありませんか。家族とショッピングを楽しんだり、ひとりでおいしいものを食べに行ったりと、誕生日を満喫しているのだと言います。

呆気に取られていると、部下たちにある指令を出したと課長は続けます。

それは、「誕生日は働かない」指令。自分の誕生日に有給休暇を取りなさいという業務命令です。**休みを取らせる秘策でもあったのですが、「メンバーにも同じように休暇を楽しむ習慣を持ってほしい」という思いで下したということでした。**

厚生労働省の「令和5年就労条件総合調査」によると、令和4年の有給休暇平均取得率は、62・1％。上昇してきてはいるものの、ある調査によると、有給休暇の取得率は、台湾は120％、香港は110％、シンガポールが90％と上位にアジア勢が続く中、日本は16か国中ワースト2位でした。まだまだ少ないのが現状です。

大企業では有給休暇を積極的に取れるようになってきていますが、中小企業では、まだ取りにくい雰囲気が残っています。

しかし、有休消化率100％を達成したある会社は、売り上げが過去最高を記録しました。また、**有休取得率が高い会社ほどメンタルヘルス不調による休職率が減少傾向にある**というデータもあります。

ちなみに、誕生日は働かない命令を出されたメンバーたちは、誕生日のみならず有給休暇を積極的に取るようになったそうです。心にゆとりができたからか、同僚間のコミュニケーションはますます良くなったとか。

いいかげんのすすめ

与えられた権利は行使しないと損

21 仕事は目の前のものから。定時までしかやらない

余計な仕事に労力を使わない

ある日、「優先順位を一切つけていません」と豪語する人と出会い、面食らいました。

それは、ある大企業の社長。部長になったころから「残業は1秒もしない」ことを信条にしてきた人です。

残業しないことと優先順位をつけないことに関連性があるのか問うと、優先順位を考えず、仕事は来た順にやるから早く終わる。結果、残業せずに済むとのことでした。

そんな社長がいちばん大事にしていたのは、バースデーカードを書くこと。社員の子どもの誕生日には必ずカードを贈っています。だからどんなに大きな案件が来ようが、カードを書く日はそれを先にやるといいます。

来た順ってわかりやすいけど、社長ともあろう人がそれでいいの？　驚きと疑問が入り混じった表情を思わずしてしまった私を見て、社長はさらにわかりやすい説明をしてくれました。

曰く、**「だって、優先順位を考える時間がもったいないじゃない」**。

予想外の答えに、私は「はぁ……」と言うしかありませんでした。

優先順位を付ける理論として、重要度と緊急度を基準にタスクを分類する**「アイゼンハワー・マトリクス」**というものがあります。仕事を分類し、重要度、緊急度の高いものを優先して進めようという考え方です。あなたも、会社の新入社員研修などで教わったことがあるのではないでしょうか。上司からも、優先順位をしっかりつけるようにと、毎日のように言われているかもしれませんね。

でも、そもそも重要度と緊急度の高低を、どう判断すればいいのでしょう？　「事件に大きいも小さいもない」という名ゼリフがありますが、「仕事に重要なものも重要でないものもない」のですから。

私も優先順位をつけるのをやめてみました。余計なことを考えることがなくなった分、楽になり、確かに早く仕事が終わるようになりました。

いいかげんのすすめ

小難しく考えるより動いたほうが早い

22 慣例に従わない

大胆な改革がブレイクスルーをもたらす

業界には業界の、職場には職場のルール＝慣例が存在します。その慣例を守るのは暗黙の了解。ところが、それを無視する人がいました。

あるとき出会った、メーカーの部長。

その業界では、メーカー→問屋→店舗という流れで商品を卸すことがあたりまえでした。しかし部長は、あろうことかその慣例をぶち壊したのです。

この部長は、新入社員のころから、「問屋が入るなんて非効率、めんどくさっ」と考えていました。でも、若手の自分がそんなことを言い出しても聴いてもらえない。だったら早く出世して発言権を得ようと、虎視眈々《こしたんたん》とその日を待っていたのです。

そしてついに、関係者を説得する機会がやってきました。

思いもかけぬ発言に、その場にいた全員、顔面蒼白になったとか。でも部長はひるまず続けました。

「このままだと時代に取り残されますよ」

「ファーストペンギン」だ！　話を聴いて、私は思いました。

ファーストペンギンとは、**天敵がいるかもしれない海に最初に飛び込むペンギンのように、群れから飛び出して前例のないことにチャレンジする人のこと。**

ドラマで有名になった言葉で、リスクがあってもそれを怖れずに革新的な行動を起こし成功した起業家たちが、そう呼ばれるケースが多いようです。

しかし、企業の中にも、この部長のようなファーストペンギンは存在します。

結局、部長の思惑通りに事は進みました。そのときの部長には発言権があっただけでなく、皆を納得させるだけの実績を積んでいました。だから、関係者たちは聴く耳を持ったのです。

その後、店舗に商品が届くのが早くなり、売り上げも伸びたそうです。思い切った大改革は、大成功につながったのです。

いいかげんのすすめ

面倒くさがりほど発想が柔軟

23 部下よりもまず自分

自分を大事にしないと人を大事にはできない

管理職の最大の仕事は部下育成だからと、自分よりも部下を優先する人をたくさん見てきました。２時間かけて面談する人もいれば、いつでも相談ウェルカムにしている人もいます。中には、部下の恋人の名前まで知っている人も。とても立派ですが、日中は部下のために時間を費やすので、早くは帰れません。

一方、正反対の考え方の人がいます。自分ファーストの管理職です。相談を受け付ける時間を限る。面談は30分まで。プライベートには必要最小限しか踏み込まない。部下が仕事していても自分の仕事が終わったら帰る。

ある製造業の会社のカウンセリングで、そんなマネジメントスタイルを貫いている課長に会いました。

クール、いや、むしろ自分勝手。部下に信頼されていないのでは？

そう思いながら話を聴き続けると、意外な言葉が飛び出しました。

部下を最優先している上司は一見、理想的。でも、**自分をあとまわしにしている時点で、自分を大事にしていない。自分を大事にできない人間に他人を大事にすることはできない**というのが、課長の持論でした。

あるがままの自分を慈しむ、大事にすることを**「セルフ・コンパッション」**と言います。他人にするように、自分にも優しく声をかけたり励ますのが、セルフ・コンパッション。そうすることで、幸福度が高まり、前向きに生きる力が生まれ、結果的に他人を大事にできるのです。

人を優先するあまり自分を抑え込んだり、弱みを見せないよう踏ん張っていると、感情まで抑圧し、抑うつ状態に陥ることも。
後輩のため、子どものためと、誰かのために頑張っていると気づいたら、自分に優しい声をかけてあげましょう。自分最優先は、決してわがままではありません。

いいかげんのすすめ

管理職こそ「自分大好き」のほうがいい

24

自室のドアは閉めない

受け入れアピールで立場の垣根をなくす

社長室のドアを閉めたことがないという社長がいました。なんでドアを閉めるのかわからない。そもそもドアなんかなくてもいい。いや、部屋なんかなくてもいい。そうすれば、社員といつでも話ができるから、と言うのです。寒い冬でもドアは開けっ放し。食事をするときも閉めないそうです。なんというオープンマインド！

他人が近づくと不安に感じる距離のことを**「パーソナルスペース」**と言います。心理学者のロバート・ソマーが提唱したもので、対人距離とも呼ばれます。

　これはいわば、縄張り。

　動物が自分の縄張りに侵入されると威嚇《いかく》するように、人間も、あまりに他者に近づかれると不快感を覚えます。電車などはその典型。距離が近すぎて不快になるから、満員電車に乗るとイライラしてしまうのです。

　パーソナルスペースの大きさは人によって異なります。狭い人は、人に近づかれても平気な人。社交的で誰とでも仲良くなれます。逆に広い人は、こだわりが強く、自分のペースが乱されることを嫌がる傾向があります。

　私は、カウンセリングルームのドアは、相談者がいなくても閉めています。何となく不安を感じるからです。どちらかというと、パーソナルスペースが広いのでしょう。

　この社長は反対に、パーソナルスペースが狭いと考えられます。いつでも社員に話に来てほしいから、ドアを閉めないとのことでした。

社長室には、1日に数回、社員がやってきます。中には思いついたアイデアを話してくれる人や、相談に来る人もいるのだとか。

ドアを開けっぱなしにするのは、心のドアを開けっぱなしにするということ。「気軽に話しかけて」というその行為が、コミュニケーションを促進しているのです。

いいかげんのすすめ

ドアを閉め忘れるズボラさがあるくらいがちょうどいい

25

部下を放任する

適切な権限移譲は、ほどほどな距離感を取るところから

上司に放ったらかしにされると、不安になりますよね。

相談してものらりくらり。はっきり指示してくれない。そんな対応をされると、自分のやり方が正しいのか、このまま進めていいのか迷うものです。

ある企業のカウンセリングで、そんな上司に会いました。「放任型」の課長です。

部下に相談されても、答えは出さない。細かく指示もしない。挙句のはてに、会議の進行役も部下にやってもらうというマネジメントスタイルを貫い

ていると言います。

私は驚きました。

チームのビジョンを明確にし、はっきり指示する。仕事の進捗は毎日チェック。そんな丁寧なマネジメントこそが、理想的なリーダーの姿だと一般的には言われており、課長は正反対のスタイルを取っていたからです。マイペースな印象で、やる気があるのかないのかもよくわかりません。


実は、上司と部下の関係性は良好ならいい、というわけではありません。**上司と部下の関係性が悪いケースだけでなく、良いケースにおいても、部下のストレス度は高くなるという研究結果があるのです。**

上司と部下との間に信頼関係が築けると、部下は上司の期待に応えようと頑張ります。それが、ストレスを高めるというのです。確かに、関係性が良すぎると、期待に応えられなかったときの落胆は大きくなります。

最もストレス度が低いのは、ほどほどの関係性のとき。何ごともほどほどがいい、ということなのでしょう。

実際、放任型の課長の部下に話を聴いてみたところ、自分のペースで仕事ができるのは楽しい。なによりガミガミ言われないのは最高だ、とのこと。上司同様、サバサバした人でした。放任もやり方次第では悪くないのです。

ただし、部下が不安にならないよう、方向性を示すことは大事です。

いいかげんのすすめ

手取り足取りは命取り

26 出張はもれなく食い倒れ

いつもと違う環境に楽しみを見つける

「時間ぴったりに終わらせて、この人気店のお寿司を食べに行きましょう！」

新米カウンセラーだったころ、北海道に先輩カウンセラーと一緒に出張に行ったときのことです。食べ歩きが趣味の先輩は、仕事が始まる前にガイドブックを見ながらそう言いました。そして、セミナーに登壇する私に、「1分でもオーバーするな！」とにこやかにプレッシャーをかけてくるのです。

時間オーバーしてでも質問に答える。それが、せっかくセミナーに参加してくださった方々へのサービスだと私は考えていましたが、先輩は、サービスは時間内ですればいいと言います。

薄情だなあと思いながらも、私はなんとか時間通りにセミナーを終えました。すると先輩は既に荷物を手に持ち、会場を出る準備を整えているではないですか！　苦笑しながら私も準備を整え、ふたりでそそくさとお寿司屋さんへ向かいました。


先輩は、出張というよりも食い倒れ旅をしているかのようです。遊びに来ているの？　と、私は少し苦々しい気持ちになりました。

しかし、お寿司を食べながら聴いた先輩の考えに、深く納得しました。

時間オーバーしたらお客さんに迷惑がかかるから、仕事は時間内できっちり終わらせる。仲間と一緒においしいものを食べるチャンスが目の前にあるのに、それをしないなんて機会損失だと先輩は考えていたのです。


家族や友人と一緒に食事することを**「共食《きょうしょく》」**と言います。よりおいしく感じる、ポジティブな気持ちになるなどのメリットがありますが、**コミュニケーションが活性化し、業務時間内の会議よりもアイデアが豊富に出るという研究結果もあります。**

仲間との出張は共食の機会。なおかついつもとは違う場所ですから、話も弾みます。

私自身、これまでの仕事を振り返ったときに思い出されるのは、出張先で仲間とワイワイ食事したことばかり。食い倒れ、しないと損です。

いいかげんのすすめ

どうせ大変な仕事なら自分で楽しいことを作る

27

人のせいにする

自分を守る方法を持つ

人のせいにするなんて卑怯《ひきょう》だ。

そう思いますよね。親からもそう教わってきたし、原因は自分にあると考えて対応すると、確かに人間は成長します。その謙虚さは、人間関係をも良好にします。

ある職場に、落ち込むことはほとんどないと断言するOさんという人がいました。

ストレスチェックのスコアが高く、体も健康。仕事もデキると評判の人です。しかしこの人、心の中でものすごく人のせいにする人だったのです。

仕事でミスをして上司に怒られたときには、「あなたの指示の仕方、わかりにくかったもん」。

早くやりなさいとせかされたときには、「だったらあなたがやってよ」と、心の中でつぶやくのだとか。

日本人には**「自責思考」**の人が多いと言われています。**何か起きたとき、自分の責任だと捉える思考**です。

先にお話ししたように、多くの人は「自責思考」がいいと考えていますが、自責傾向が強いと、ことあるごとに自分を責めます。そのたびに落ち込み、自己否定をしていれば、うつ状態に陥りやすくなります。

一方で、Oさんのように、他者のせいにするのは**「他責思考」**。なんでもかんでも人のせいにして文句ばかり言うのは問題ですが、Oさんのように、

自分を責めないために心の中で人のせいにして、問題をすっとやり過ごすのは、実は健康的なストレス対処法です。

いつも自分のせいにするのではなく、ときには人のせいにしていいのです。

上司の言葉を素直に聴いたふりをしながら、心の中でペロッと舌を出す。

都合よくものごとを解釈する。そんなふうにしてみると、楽になりますよ。

いいかげんのすすめ

脳内でなら責任放棄しても誰も困らない

第4章

行動

一歩踏み出すだけで
驚くほど違った景色が見えてくる

28 深刻な悩みほど笑い飛ばす

同情よりも笑いが人を救う

カウンセラーの仕事は、相談者の悩みに寄り添うこと。どんな内容でも共感しながら受け止めなければいけない。

カウンセラー養成講座で繰り返し、そう教わってきました。ところが、その教えを守らない先輩がいたではありませんか。

現場に出てまだ日が浅かったころのこと。電話相談の仕事で、とても優秀で相談者からの信頼も厚い先輩と一緒になりました。どんなカウンセリングをするのか勉強させてもらおうと、私はやる気満々で席に着いていました。

電話が鳴り、その先輩が取りました。私はすかさず聴き耳を立てます。

先輩は、真剣にあいづちを打ちながら聴いています。やっぱり、どんな内容でもこうやって受け止めながら聴くのだな。あいづちの打ち方が深いなどと感心しながら聞いていたら、なんと先輩が突然、大笑いしだしたのです。

「アハハ！　ええっ、何それ？　アハハハハ」

そんな調子で笑い続け、やがてカウンセリングはなごやかに終了しました。

笑って大丈夫なのか、おそるおそる尋ねると、

「だって、こちらも一緒に深刻になったら何も解決しないでしょ？」

先輩はあっけらかんと言いました。

「楽しいから笑うのではない、笑うから楽しいのだ」という、アメリカの哲学者で心理学者のウィリアム・ジェームズの名言があります。

いいかげんのすすめ

笑えばつらいことは半減する

つらいことがあっても、口角を上げて笑うと、幸福ホルモンの「セロトニン」や不安やストレスを軽減する「ドーパミン」の分泌が促され、気分が上向きます。先輩はそれをわかっていたから、カウンセリングの原則をあえて破ったのです。

相談者の悩みを笑うだなんてとんでもないことかもしれません。しかし、カウンセラーが笑うから、相談者の気持ちが楽になる。そういうこともあるのです。

29

早々と降参する

努力は認めるだけで称賛になる

また、こんな人もいました。とても高名な心理学の先生です。先生のカウンセリングのデモンストレーションを見る機会がありました。貴重なチャンスなので、私は食い入るように先生の一挙手一投足、一言一句に目と耳を傾けました。

しっかり相談者の目を見て、うなずいて、相づちを打ちながら話を聴くのが、カウンセリングの基本。しかし先生は相談者をあまり見ることなく、うなずきもあいづちもあまり打たないではありませんか。どこか片手間で聴いているような、そんな印象も受けます。

なんで？　そんな態度でいいの？　相談者が不安になるのでは？

私は、疑問を抱きながら見ていました。


相談者がひとしきり話し終えると、先生はやおら、こう言い放ったのです。

「うーん。お手上げ！」

えぇーっ！　私は椅子から崩れ落ちそうになりました。それまで習ってきたものとはまったく違うカウンセリング。いわば常識外れのカウンセリングです。しかし、そう言われた相談者は、笑っています。安堵の表情さえ見せていたのです。


先生が放った「お手上げ」は、「私が提案できることを、あなたは全部やり尽くした。十分頑張ってきた」という承認を伝える言葉でした。そのひとことで、不安になっている相談者の「承認欲求」を満たしていたのです。

普通、カウンセラーは、相談者に「お手上げ」などと言えません。突き放すことになってしまうからです。でも、承認欲求を満たし安心してもらうには、こんな方法もあるのだと目から鱗が落ちました。

どんなことでも、基本ができていれば自分なりに応用できます。ある程度の技術を身につけたら型にはまらず自由にやっていい。そう教えられた気がしました。

いいかげんのすすめ

相談されても一緒に悩まなくていい

30

アポなしで突撃訪問する

困難を乗り越えるから自信が生まれる

引きこもりの人たちの就職支援の手伝いをしていたことがあります。そこは、支援塾に〝出勤〟してきて、仲間とともに勉強やトレーニングをして就職を目指す場。親に、半ば強制的に連れられてくるケースがほとんどなのですが、それでも10名ほどの塾生たちは、毎日一生懸命頑張っていました。

ある日、塾長が彼らに指令を出しました。東京・丸の内にある企業にアポなし突撃訪問をするというミッションです。10年以上引きこもっていた彼らにとって、それはとんでもないこと。震えあがる塾生たちを見て、私は同情せずにいられませんでした。しかし、塾長はニヤリと笑いながら、彼らの背中を無理やり押します。

二人一組になり、企業を訪問。「私たちは引きこもっていましたが、就職しようと頑張っています。何かお役に立てることはないでしょうか」と受付で伝えます。当然ながら、ほとんど門前払いです。毎日、へとへとになって帰ってくる塾生たち。あまりのストレスに、おなかをこわしたり発熱する人が続出しました。

ところがある日、話を聴いてくれる企業が現れたのです。なんと、誰もが知っている大企業です。塾生たちだけでなく、塾長も私も驚き、うれし涙を流しました。

後日、改めて席が設けられ、塾生たちは、自分の人生のこれまでとこれからについて話しました。結局、仕事にはつながらなかったものの、彼らの表情は一変しました。自信に満ちた表情になったのです。

困難やストレスに直面したときに、それを受け止め、柔軟に適応する力のことを**「レジリエンス」**と言います。それは、自らの成功・失敗体験で高まります。**塾長は彼らに、とてつもない困難を乗り越えることで、「レジリエンス」を身につけさせたのです。**やがて塾生たちは、就職を決め、塾を卒業していきました。

卒業のたびに塾長がニヤリとしたのは、言うまでもありません。

いいかげんのすすめ

開き直りは「強さ」をくれるときがある

31

自暴自棄万歳！

困難から脱出する意外な方法

もうひとつ、レジリエンスに関するエピソードを紹介しましょう。

ある女性人気作家には、「暗黒の時代」があったと言います。

初めて書いた作品がいきなり賞を獲得。新作や連載の依頼が次々と舞い込んできました。しかし、有頂天になったのもつかの間、原稿がパタッと書けなくなってしまったのです。

絶頂のあと突然やってきたいきなりのスランプ……。耐えられなくなった彼女はある日、思わず酒屋へ駆け込み、焼酎や日本酒を大量に買い込みました。暗黒の時代の幕開けです。

朝になると一応、机に向かうのですが、来る日も来る日も書けません。そして、17時になるとひとり宴会をスタート。酔いつぶれて寝る、自暴自棄な日々を送るようになります。依頼されていた仕事はすべて、断腸の思いで断りました。

それが半年ほど続いたある日、彼女は突然、覚醒しました。何者かに憑りつかれたように原稿を書きまくり、再び賞を獲ったのです。

彼女は暗黒の時代を振り返り、自暴自棄になったからよかった、と取材で話してくれました。とことん落ち込んだから、這い上がることができたのだというのです。

レジリエンスは、逆境や困難を乗り越えるプロセスそのものを指す言葉でもあります。そのプロセスには3つのステージがあります。**①底打ち　②立ち直り　③教訓化**です。中でも、最初の底打ちは大切なプロセス。どん底に到達するからこそ、ボールが跳ね返るようにスーッと上に上がることができます。つまり、悲しみや苦しみといったネガティブな感情と向き合ってとことん落ち込むことで、きちんと底を打つことができるのです。すると、回復する力が不思議なほど湧いてきます。

この女性作家は、お酒を飲みながら苦しみに向き合いました。だから、ある日ふっと、這い上がることができ、再度賞をつかみ獲ることができたのです。

簡単なことではありませんが、苦しい、つらいときは、その感情を受け入れようと決めてみてください。思いもよらなかった力が生まれます。

いいかげんのすすめ

中途半端はNG。とことん落ち込むから浮上できる

32

相手が誰だろうが直談判

圧倒的熱意で人を動かす

やりたいことを実現するためには、入念な根回しが必要だと思っていませんか？

相手が誰であろうと直談判する。実はこれが、最も効果的な場合もあります。なぜなら人は、論理ではなく感情で動くからです。

「ハード・トゥ・ゲット・テクニック」という心理テクニックがあります。**「あなただからお願いしたい」と、相手を特別視していることを表現すると、相手はいい気分になってこちらを信頼し、要望に応えてくれる**というもの。

ある女性シンガーソングライターが、ニューアルバムを制作することになりました。

「世界的に超有名なプロデューサーやミュージシャンに曲を書いてほしい」

日本では知る人ぞ知る存在ですが、世界ではまったく無名の彼女は、そんな無謀な夢を抱きました。

そしてなんと、誰にも相談せず、自ら憧れのプロデューサーやミュージシャンに直談判してしまったのです！


来日ライブの際は楽屋に行かせてもらい、直接、自分のアルバムを渡す。

自分の作品が出来上がったときには「私の次の作品で曲を書いてください」と手紙をつけて送るなど、真正面からアプローチしました。

結果、複数の人からＯＫをもらい、驚くほど豪華な作品が完成したのです。

彼女は、ハード・トゥ・ゲット・テクニックを使い、大物たちを動かしたのです。その作品はヒットし、大物と作品を作ったことでミュージシャン仲間から一目置かれるようにもなりました。デビュー25周年を経た今、カリスマ的人気を誇っています。

やりたいことがあるなら、根回しせず思い切って直談判してみる。そうすると、予想外の結果が得られるかもしれません。

いいかげんのすすめ

ストレートなラブコールほど心を射る

33

無茶な夢でも口にする

言葉にすると理想は現実になる

願望は口に出すと実現すると言われていますから、どんどん言ったほうがいいです。でも、あまりに大きな夢となると、簡単には口にできませんよね。

ある大企業の社長Kさんは、新入社員のころからずっと、「僕、社長になります！」と、大きな夢を語っていました。

しかし、その会社は、いわゆる同族会社。親族しか社長にはなれません。Kさんは社長になれるはずはないのです。それでも、その夢を周囲に宣言し続けました。

先輩には呆れられ、「そんなこと言ってる暇があったら契約取ってこい！」と怒られる日々。それでもKさんはまったく意に介さず、夢を捨てませんでした。

そして30年後。なんとKさんは、社長になりました！

誰もが無理だと思った、無謀な夢を叶えたのです。

奇跡というほかありません。

親族の中で次期社長候補がいなかった、経営方針が変わったなど、いろいろな偶然が重なったそうですが、その偶然は、ほかでもないKさん自身が引き寄せたのです。

なりたい自分になるために、理想像を言語化して自分に宣言することを**「アファメーション」**と言います。アメリカの社会学者、ロバート・キング・マートンが提唱した**「根拠や確証のない思い込みでも、信じて行動する**

ことで思い込みが実現する」という理論がベースになっています。

成功者の中にはアファメーションを活用している人が多いと聞きますが、Kさんもそのひとり。自分だけでなく周囲にもアファメーションをしていました。**何年にもわたって繰り返し夢を語っていたことで、幸運を引き寄せたのです。**

周囲になんと言われようとも、やっぱり夢は口にしたほうがいい。たとえそれが壮大で実現が難しいと思うものであろうとも。

いいかげんのすすめ

信じ続ける者に運は回ってくる

34

突然歌い出す

童心に返ると自由になれる

「じゃあ、一曲歌いましょうか」

ギターを持って取材場所に現れた男性歌手は、取材途中に突然、脈絡なく歌い始めました。ギターをつまびき、自らの大ヒット曲を歌い出したのです。

嬉しくて、でも取材はどうなってしまうのか不安で、どう反応したらいいいかわからず、私は顔を引きつらせながら歌を聴きました。

質問をびっしり考えて臨んだのに、歌声に体中の力を抜かれ、ふにゃんとなってしまいました。

私はアーティストの取材を数えきれないほどしましたが、突然歌い出したのは、後にも先にもこの人だけ。

驚きましたが、自由奔放なイメージのある彼らしい行動だなと思いました。

「エゴグラム」という性格診断があります。自由な子ども、従順な子ども、冷静沈着な大人など、**私たちの中には5つ心のエネルギーがあります。その強弱で人の性格が決まるという理論をベースにした診断です。**

この歌手は、自由な子どものエネルギーが高いと言えます。

これが高い人は、人の目や評価を気にせず、自分の欲求を素直に表現することができる人。感情表現も豊かで好きなことを楽しむのも得意です。

また、言いたいことをガマンせず言えるので、ストレスをためにくい特徴があります。ただ、その一方、わがままだと批判されることもあります。

この歌手も、ときにその奔放さが非難の的になったこともありました。それでも、そのエネルギーは、人を魅了し続けてきたのです。

いいかげんのすすめ

「大人」を休むと魅力が増す

大人になると、分別がつくがゆえに自由な子どもの心が失われる傾向があります。自由奔放なエネルギーは、自由な発想にもつながります。

嬉しい、楽しいという感情を口にするだけでもその心は取り戻せます。お試しを。

35

なりたい自分を先取りする

他人をマネて自分を成長させる

履歴書や職務経歴書を書くとき、自分を大きく見せようとしたことはありますか？　友人のDさんは、大きく見せるどころかハッタリだらけの経歴書を作りました。

Dさんは転職を考えていたある日、WEBデザイナーの友達と飲みに行きました。聞けば、お給料がべらぼうにいい。「それはいい！　俺もWEBデザイナーになろう！」とその場で決めたDさん。

とはいえ、経験などまったくありません。調べたら、募集しているのはほぼ経験者のみ。そのまま応募したところで採用されるはずはない。

頭を悩ませ、ひらめいたのは、友達の職歴を拝借すること。

友達の職歴を織り混ぜ、いかにも経験者だという職務経歴書を作り上げてしまったのです。その後のことなど考えずに……。

晴れて、Dさんは採用されました。


入社してすぐ、仕事を頼まれました。経験者だからできて当然、と先方は思っているのですから、「できません」なんて言えません。

焦ったDさんは書店に走り、専門書を何冊も買い込みました。そして独学で勉強し、職場では机の下に本を忍ばせて、ちらちらと本を見ながら作業を進めたと言います。

今、Dさんは、その会社になくてはならない存在です。

Dさんは**「自己効力感」**の塊のような人。自己効力感とは、「困難な状況を乗り越えられる」という確信のこと。この確信がある人は、高い目標に向かって挑戦できます。

自己効力感は、自分が体験を重ねることによって高まりますが、他人の成功体験を見て「自分にもできそう」という感覚を得ることでも高まります。

Dさんが転職したのは10年ほど前のこと。彼の行為は、今は（当時も、ですが）NGです。

しかし、あなたの友人・知人の体験にマネしてみたいものがあるかもしれませんね。それを観察して、自己効力感を高めるのは、とてもいい方法です。

いいかげんのすすめ

「できる」とやみくもに信じ込むのも手

36

急に音信不通になる

感情のコントロールには「時間薬」が効く

いつも機嫌がいい友人、Tさん。

職場では管理職をしていて、社長肝いりのプロジェクトを任されるほどの存在。いくつもの役割を兼任し、目が回るほどの忙しさです。

ある日、私はTさんに電話をしました。いつもならすぐに出てくれるのに、その日はまったく電話に出ません。何度かけても出ないし、折り返しの連絡もありません。何かあったのかなと、ちょっと心配になりました。

翌日、折り返し電話がかかってきました。

イライラしていたから昨日は電話に出なかったと、いつもの柔らかい口調で謝ってきました。聴けば、**機嫌が悪いときは、電話に出ないようにしているというのです。**

機嫌が悪いときに出たら、つっけんどんな言い方をしてしまう。だったら出ないほうがいいという潔さ。機嫌が悪い姿を人に見せないから、いつも機嫌がいい人だと周囲に思われているのです。

Tさんが行っているのは**「アンガーマネジメント」**という感情コントロール法です。アンガーマネジメントとは、自分の怒りを管理すること。

怒りとは、安全を脅かすものから自分や大事な人を守るために生じる防衛感情です。大切な感情ですが、怒りをそのまま相手にぶつけたり、不機嫌をまき散らせば、周囲に迷惑がかかります。だから管理が必要なのです。

怒りは、少し時間をおけば収まります。相手と距離を置くなど、感情が収

まるまで時間稼ぎをする方法を考えておくことが大事です。

Tさんは、急ぎの用事なんてそうそうないのだから、その場で電話に出なくたって問題なんかないという持論も持っています。確かに。無理して慌てて電話に出なくてもいい。それより、いつも機嫌よくいることのほうがよっぽど大事です。

いいかげんのすすめ

イライラするときは引きこもる

37 おいしいところを持っていく

最後に取った行動がその人の印象になる

おいしいところだけ持っていく人、いますよね。

かつて一緒に仕事をしていた先輩編集者がそうでした。

その人は、リサーチやアポ取りといった手間のかかる作業は、いつもアシスタントの私に押し付けてきます。しかし、好きなアーティストの取材や新作発表会など楽しい場には必ず参加。さらに、誰かが差し入れをしてくれたら、真っ先に「いただきまーす」ともらっていくのです。

ちょっと変わった存在ですが、不思議と周囲から嫌われることなく、疎まれることもなく、なおかつ、なぜかいい仕事ばかり任されていました。

私も、あざとい人だなと思いつつも、嫌いではありませんでした。

なぜならその人は、ことあるごとに「ありがとう！」と感謝してくれるからです。


原稿を書けば、「すごく心に響いた。この表現は秀逸だね。ありがとう」。本が完成したら、「あなたのおかげでおもしろいページが作れた。ありがとうね！」と言ってくれます。しかも、満面の笑みで。

だから、ついつい、作業を押し付けられたことを許してしまうのです。

それは、人間には、感謝されると相手に好意を持つメカニズムがあるからです。


私は、**「ピークエンドの法則」**をそのときに経験していました。

最も感情が動いたとき（ピーク）と、終わったとき（エンド）の記憶によって、できごとの全体的な印象が決まるという法則です。

「終わりよければすべてよし」という言葉があるように、**最後にいい感情になると、全体の印象は良いものとして記憶に残ります。**

先輩に最後に感謝され、その喜びが「エンド」の記憶として私の中に強く残ったのです。だから、途中でイラっとしたことなどどうでもよくなっていました。

今、思い返しても、本当にあざとい人でした。

いいかげんのすすめ

「ありがとう」は、すべてを丸く収める言葉

38

細かいことは気にしない

ちょっと抜けている人ほど、人を安心させる

あなたは大雑把な人？　それとも几帳面ですか？

カウンセラー仲間のEさんは、超がつくほど大雑把な人です。

彼女の報告書は、誤字脱字（タイピングミス）だらけ。

例えば、「鯛推してください」→「対応してください」の間違い。

「容子を見ることにしました」↓正しくは、「様子を見ることにしました」です。容子さんという仲間がいるので、その人のことかと思いました。

またあるときは、「チャックしてください」↓「チェックしてください」

の誤り。

思わず笑ってしまう誤字脱字が満載なので、彼女の報告書を見るのがちょっとした楽しみになっていました。

おそらく報告書を見直すことなく書きっぱなしにしているので、このようなことが起きるのですが、それで彼女がとがめられたことは一度もありません。

なぜなら、それは社内用の報告書だから。少々間違いがあっても問題ないのです。Eさんもそれをわかっているから書きっぱなしにしているのです。

「ビッグファイブ」という性格分析法があります。人には**①開放性、②誠実性、③外向性、④協調性、⑤神経症的傾向の5つの因子があり、その強弱によって性格が異なる**という理論をベースにしたものです。

5つの因子のうち、神経症的傾向は、刺激やストレスに対する敏感さ、不安や緊張の強さを表す因子。これが弱い人は情緒が安定しており、細かいことを気にしない傾向があります。

まさにEさんは、神経症的傾向が弱め。**いつもおおらかで、ストレスをため込みません**。そのためか、取引先の人との関係性も良好で、仕事が次々と舞い込んでいます、

Eさんのようになるには、深呼吸が有効な手段のひとつ。不安を落ち着かせるように、ゆっくり呼吸を繰り返すと、気分がゆったりしますよ。

いいかげんのすすめ

ストレス耐性の強さは、図太い神経にあり

39 合わないことはすぐ辞める

志向がわかると自分がいるべき場所で活躍できる

今の会社を辞めて転職したい。そんな思いがよぎったことはありますか？
でも、慣れた環境から出る決断って、簡単にはできませんよね。

今から数年前、入社2年目のFさんのカウンセリングをしました。人気企業に入社しましたが、辞めたいとのことでした。仕事自体はつまらなくはないものの、自分には合っていないのだと、鼻息が荒くなっていました。

まだ2年目。会社もあなたに教育費をかけてるわけだし、上司も労力を使って育成してくれているし、ほとんど成果も出していないんだし、ちょっと冷静になろうよ、と心の中であれこれ思った私。

慎重に考えたら？　と伝えましたが、まったく聴き入れてくれませんでした。

3か月後、彼女から転職したという報告が。以前の会社より規模は小さいものの、仕事も職場もとても楽しく、転職してよかったとのことでした。

彼女がスパッと転職の決断ができたのは、自分の**「キャリア・アンカー」**が何かをわかっていたから。

キャリア・アンカーとは、仕事をする上で譲れない価値観のこと。組織心理学者のエドガー・H・シャイン教授が提唱したものです。

①専門能力　②管理能力　③自律と独立　④保障・安定　⑤創造性　⑥奉仕・社会貢献　⑦チャレンジ　⑧ワークライフバランス。

この8つのうちどれが大切か、ツールを用いて診断します。

Fさんのキャリア・アンカーは、創造性でした。開発やクリエイティブな仕事が向いていると自分でわかっていたので、その力が発揮できる会社に転職したのです。

転職にしろ異動にしろ、しっくりくる場所に身を置くには、自分のことをわかっているかどうかが大事。自己理解ができていると、合わないと思ったらスパッと辞める決断ができ、後悔もしません。

いいかげんのすすめ

直感した違和感はだいたい正しい

40

大物なのにいつもひとり行動

本領を発揮するために、ひとりで行動する

今から25年ほど前のこと。数々の名作に出演してきた今は亡き大女優の取材をすることになりました。指定された場所は、私鉄沿線の小さな駅にある、小さな喫茶店。行ってみると、わずか数席しかありません。

こんなところで大丈夫なのかと、心配になりました。なぜなら、俳優の取材をする場合は、スタジオなどで行うことがほとんどだったからです。撮影もあるのに立派な照明機材もないし、お客さんがいつ入ってくるかもわからない状況で、無事に取材できるのだろうか……と。

待っていると、その人はなんと、たったひとりでやってきました。取材のアポイントを取ったマネージャーは、隣にいません。しかも、帽子もサングラスもせず、リュックを背負って店に入ってきたのです。よく見ると、メイクもほとんどしていないではないですか。

今でこそ、俳優やアイドルは身近な存在で、直接会ったりSNSでやりとりすることができますが、当時は簡単に近づける存在ではありませんでした。取材においてもそうです。それなのにその人は、大女優であるにもかかわらず、私たちの目の前にふらっと、素のままでやってきたのです。衝撃でした。

話を聴くと、ひとりで行動するのは大変な側面もあるけれど、すべて自分でコントロールできるから、ストレスが少ないのだと言います。

ただでさえドラマや映画の撮影には多くの人が関わるので自分のペースで動くことができません。それが窮屈だから、ひとりで行動できるときにはそうしているのだと話してくれました。

彼女のキャリア・アンカーは、自律と独立だったのでしょう。**自分のペースとやり方を守ることを大事にするタイプです。**周囲の人を尊重しながらも、可能な限りひとりでのびのびと動くようにし、自分らしい働き方を貫いていたのです。

それはプライベートにおいても同様で、海外旅行にもひとりで行くと語っていました。ソロ活の先駆けです。心底、自律した人だったのだと思います。

いいかげんのすすめ

すべて自己責任のほうが、のびのび仕事できる

第5章

生活スタイル

あなたの大切なものが、
あなたを守ってくれる

41 睡眠のために家族を巻き込む

いいと思ったことは多少無理をしてでも始めてみる

「実は、我が家のテレビを捨てたんですよ」

ある日突然、カウンセラー仲間のYさんが言いました。

Yさんは、ビジネスパーソンがパフォーマンスを高めるための睡眠の研究をしていました。それには、睡眠の質を高めることが重要で、その方法のひとつが、寝る前のスマホやパソコン、テレビをやめることだとわかったということでした。

文献を読むだけでは納得できず、Yさんは自ら人体実験を行うことにしました。スマホやパソコンは自分でコントロールできるものの、問題はテレビです。小さな子どもがいるため、Y家ではテレビがつけっぱなしになっていたのです。

アニメにはまった子どもたちは、テレビを見ている間はおとなしくしています。妻もそれで安心していたのですが、**Yさんは自分だけでなく家族の睡眠の質を高めるため、テレビを捨てることにしたのです。**それも独断で。

家に帰ると、テレビがない。妻は怒り狂い、子どもたちは泣き叫びました。Yさんは家族をなだめようと、プレゼンのごとくデジタルデバイスが睡眠に与える影響を資料を使って説明。さらに見たい番組は厳選してパソコンで見ることを提案しました。

1か月後。20時以降はスマホもパソコンも見ず、21時には寝て、5時に起きるという健康的な生活が、Y家に定着しました。

Yさんは毎日スマートウォッチで睡眠を計測していますが、テレビを捨ててからは深い睡眠の時間が長くなったそうです。人体実験、成功です。ますます元気になり、東奔西走《とうほんせいそう》中。今日も熱く睡眠について語っています。

子どもたちも、テレビの代わりに絵本をよく読むようになったと教えてくれました。

いいかげんのすすめ

魅惑的なものは目の前に置かないのが一番

42 趣味＞＞＞仕事

趣味で元気を蓄える

経営者には多趣味の人が多いようですが、知人のBさんもそうでした。

釣りが大好きで、週末は必ず川へ釣りに行きます。体を動かすことも好きで、マラソン大会にも出場。絵画にも造詣が深く、美術館巡りをするだけでは飽き足らず、作品を購入したりもしています。

趣味が人生のメインで、仕事は余力でやってるよと本人は高らかに笑いますが、会社にあまりいないので、社員はBさんと連絡を取るのも一苦労のようです。

そんなBさん、実は音楽を演奏する趣味も持っています。ギターを弾き、歌うことが学生時代から大好きでした。そして、その趣味が高じて、なんと会社にコンサートができるイベントスペースを作ってしまったのです。

訪れてみるとそこは、定員50名程度のスペース。小規模とはいえ、グランドピアノが置いてあり、防音設備も施した立派な空間でした。

作った理由は100％、自分が歌いたいから。「公私混同じゃん！」という言葉をグッと飲み込み、「すごいね〜」と感心していると、ちょっと1曲聴いてよと、Bさんはギターを奏で、歌い始めました。

Bさんのような人は、**「レジャー・クラフティング」**の達人と言えます。

レジャー・クラフティングとは、レジャーを通じて友人を作ったり、今までやったことのないことにチャレンジして何かを極めることを意味する言葉。つまり、思いっきり遊ぶということです。

遊ぶことでストレスが低減し、仕事へのモチベーションが高まる効果があ

ります。あなたも、楽しく遊んだあと、仕事を頑張ろうと思えた経験はありませんか？

多忙ではないから遊べるのだと思いがちですが、実は違います。忙しくても遊ぶ時間を確保し、心の底から趣味を楽しんでいるから、仕事もエネルギッシュに頑張れるのです。ちなみにBさんは、遊びの予定を仕事より先に立てるそうですよ。

いいかげんのすすめ

嫌なことを吹き飛ばせるくらい楽しいことがあれば頑張れる

43

家族の時間を作らない

時間の共有＝協調性という固定概念を捨てる

夫も子どもたちも俳優。いわゆる芸能一家の女性に、家族をテーマにインタビューしたときのことです。

なにせ全員売れっ子で超多忙です。きっと一緒にいられる時間を大切にしているのだろうなと思いきや、「うち、バラバラなんですよ」と彼女はあっさり言いました。

同じタイミングで休みが取れたとしても、それぞれが自分の好きなことをし、行きたい場所に出かけて行くと言います。家族そろって行動することはほとんどないと言うから驚きです。しかも夫婦げんかも相当派手で、言葉だけでなくお皿やリモコンが飛び交うこともあると言います。ガラスが飛び散りモノが散乱した人のいない部屋を想像し、私の心は一瞬、凍り付きました。

しかし彼女は、「それぞれが好きなことをして、それを家に持って帰る。その話をしてお互いに心の栄養を補給しあうの」と続きを話してくれました。

組織心理学者のスチュワート・D・フリードマンの研究によれば、**家族は長時間一緒に過ごすよりむしろ、一緒にいる時間の質の高さのほうが重要だ**とのこと。**質の高い時間が持てると、子どもの感情面が良好になる**といいます。

実はこの夫婦、とても仲がいいのです。遠慮せず、言いたいことを言い合うから、けんかになるし、けんかするからわかりあえているのだと言います。真摯に向きあう両親は、子どもにも真摯に向き合います。そういう両親のもとで育ったから、子どもたちは自己主張のできる個性的な俳優になったのでしょう。

家庭が安定している人は、心も安定します。一緒にいる時間が少なくても、真摯に向き合って絆を強くすればいいのだと、この一家の生きざまが教えてくれました。

いいかげんのすすめ

仕事も子育ても時間より質が大事

44 ラーメン友達を作る

何もかも嫌になったら
まずは好きなことから始める

ラーメン友達を作ったら、うつ病が治ったという人がいました。

その人、Kさんとは、カウンセリングで出会いました。製造業の会社で働くKさんは、5年ほど前に過労でうつ病になり、以来、薬を飲みながら働いてきました。体調が良くなったり悪くなったりを繰り返し、苦しい5年間だったと言います。

うつ病は、きちんと治療をすれば改善します。でも、薬だけでは良くならないことも実は多いのです。考え方を柔軟にするトレーニングをしたり、生活習慣の改善をしたりといった、プラスアルファの工夫が必要になります。

Kさんにもそういった工夫をすすめました。

そして少し体調が良くなってきたある日。**外に目を向け始めてほしいという思いで、楽しめそうなことがあれば、思い切ってやってみてと伝えました。**

3か月後。Kさんは別人のようにいきいきした表情で私の前に現れました。驚いて、何があったのか尋ねると、ラーメン友達を作ったと言うではありませんか。

Kさんはラーメンが大好き。病気になる前は食べ歩きが趣味でした。それを思い出し、久しぶりに店に行ってみたのです。すると、常連客に再会。数年ぶりに楽しい時間を持てたそうです。その後も店に通うと、何人もの友達ができたと教えてくれました。

主治医からは、バランスのいい食事を摂るよう指導されていました。**しかし、そんなものより大好きなラーメンが食べたい！　と、Kさんは自分の心の声に従ったのです。**結果、他愛のない会話を仲間と楽しむことができるようになり、心が穏やかになったそうです。

「もう大丈夫だと思います」とKさんは自信を持って私に告げ、カウンセリングを卒業していきました。理論よりも心の声に従うこと。それがいい方向に進むきっかけになることもあるのです。

いいかげんのすすめ

利害関係のない友との時間こそ最高の癒し

45

医者の言うことを聞かない

やりたいことを好きなだけやるほうが健康でいられる

テレビドラマのモデルになった江戸前寿司の大将。御年90歳のときに取材する機会がありました。

戦時中、兵士として戦地で戦った体験がある方です。戦後は、職人として道を極めました。寿司の技だけでなく義理人情に厚い人柄でも有名でした。

緊張しながら店に行くと、「いらっしゃい！」と威勢のいい声で迎えてくれました。背筋がピンと伸びていて、かくしゃくとしています。お寿司を握る姿も拝見しましたが、まぎれもなく現役の職人でした。

なぜそんなに健康でいられるのか、秘訣を訊きました。すると、イキのいい口調で、こう答えてくれました。

「血圧が高いから、医者には塩分を控えなさいって言われてるけど、塩っ気のねえもんなんてまずくて食えねえ。まずいもん食ってまで生きてることはねえよ。だからね、しょっぱいもんを食っちゃうんだよ」

医者の言うことなど聞かず、食べたいものを食べる。年だからと引退せず、好きな仕事をやる。わがままに生きることが健康の秘訣だと、大将はその言葉と生きざまで教えてくれたのです。

私はコレステロール値が高めで、脂肪の多い肉や卵は控えるようにと医師に指導されていました。ビビりな私はそれを忠実に守り、大好きなイクラをガマンしていました。

しかし、

「生きてるだけなら、バイキンだって生きてんだよ」

人間なんだから、やれることをわがままに思い切ってやれ、という意味の大将のこの言葉で、私はガマンするのをやめました。

今は亡き大将を思い出しながら食べるイクラの軍艦巻き。これ以上ない幸せを感じるひとときです。ガマンをやめたからか、なぜかコレステロール値が下がりました。

いいかげんのすすめ

死ぬとき後悔しない道を選ぶ

46

常識クラッシャー

思い込みを捨てることで可能性を広げる

これは、取材で出会った81歳の主婦の方から元気と勇気をもらった話です。

長年、専業主婦として家事をこなし、３人の子どもを育て上げた彼女。子どもたちが巣立ち、しばらくしてふと思い立ったそうです。

「そうだ、水泳やろう」

もうすぐ古希《こき》でした。はるか昔に海で泳いだことはあるものの、プールでの水泳などやったことはありません。でも、どうしても泳いでみたかったと言います。

心配する家族の反対を押し切り、水泳教室へ。

驚くことに、半年後には1キロ泳げるようになったと言います。

新しい経験や物事に挑戦する意欲や好奇心が高いことを、「経験への開放性が高い」と言います。この開放性が高いシニアほど、高い知識力を維持できるという研究結果が出ています。

また、65歳以上の人を対象に行った調査結果によると、趣味の数が多い人ほど死亡リスクが低く、趣味がある人はない人と比べて認知症リスクが低かったのです。中でも、体を動かす趣味と誰かと一緒に行う趣味は、死亡リスクの軽減にとても効果的だとわかりました。

さらに、知恵、判断力、コミュニケーション力といった経験によって培われる「結晶性知能」は高齢になっても衰えません。

年を重ねたら無理しないほうがいい。体も脳も衰える。もしもあなたが、そんな思い込みで行動にブレーキをかけているとしたら、もったいない！
私はこの取材のあと、水泳教室に通い始めました。25メートル泳ぐだけで息が上がっていたのが、50メートル泳いでもそんなに息が切れていないことに気づいたときの喜びと言ったら！　次は何に挑戦しようか、ニヤニヤしながら画策中です。

いいかげんのすすめ

楽しみは何歳からでも見つけられる

47

年賀状もお歳暮も贈らない

業務改善は、現状に疑問を抱くことから始まる

近頃は、年賀状じまいをする人、お歳暮をやめる人が増えてきました。時代の流れを感じます。

ここで紹介するのは、少し前の話。年賀状もお歳暮も、ビジネスでは必須と考えられていた時代に取材した社長の話です。

半世紀以上続く会社の社長に就任してすぐ、お歳暮も年賀状もやめてしまいました。誰に贈るのか、何を贈るのか、考えるだけでも時間がかかります。相手からもらったとしても、お返しをしたらまた贈られてくるからお返しも

しないといいます。

ずっと伝統的に続いていた習慣をパタリとやめたのですから、秘書をはじめ社員たちは大慌て。取引先との関係が崩れるのではないかと、不安になったそうです。

しかし、社長が伝統をやめた本当の理由は、深いところにありました。「そもそも、ものを贈ることでビジネスがうまくいくのか。本質を考えたほうがいい」ということを、社員に考えてほしかったのです。

長く続いていることを変えたり壊したりするのは、なかなかできることではありません。それは、私たちの中に、変化を避けて現状維持を求める**「現状維持バイアス」**があるからです。**同じことを続けることで、どこか安心しているのです。**

思い切って伝統を変えたこの社長の会社は、業績が伸び続けました。**本当に必要なことのみに注力するようになった結果、業績が上がったのです。**

自分が現状維持バイアスに縛られていないかどうか、ときどき見直してみるといいでしょう。いつも同じ店に行く、いつも同じ席に座るなど、変化を避ける行動を取っていませんか？　たまには違うことに挑戦すると、「いつもと同じ」では得られなかった景色が見えますよ。

いいかげんのすすめ

一見、非常識でも筋が通っていれば仕事はうまく回る

48 職場で寝る

パフォーマンスを上げるためなら人の目も気にしない

今でこそ職場で昼寝をするのは効率アップにつながると言われていますが、かつては違いました。職場で寝ているとサボっている、怠けていると見られたものです。しかし、そんなことはおかまいなしに昼寝をしていた人がいました。ＩＴ企業の部長です。

彼が昼寝を始めたのは15年前。平社員だった彼は、昼休憩の時間になると、まずはささっと昼食を取ります。そして会議室に行き、椅子を並べて横になります。そして、20分ほど昼寝するのです。

ときには、高いびきが会議室の外に漏れ、上司に「君はスペイン人なのか？　怠けるのはやめなさい」と怒られたこともあるとか。

しかし、眠りから覚めるとすっきりして集中できるため、誰に何を言われようと昼寝をやめませんでした。

彼が昼寝を続けたのは、効果を体感できたから。

昼間の短時間仮眠を**「パワーナップ」**と言います。アメリカの社会心理学者、ジェームス・マースが提唱したもので、12時から15時の間に、15〜30分程度の短時間の仮眠を取ることで、8時間睡眠に匹敵するほどの疲労回復効果があるとされています。

これによって集中力が向上し、ストレスが軽減します。昼休みにパワーナップを取ることで、午後の仕事もはかどるのです。

最近では健康経営の一環として、パワーナップを取り入れる企業も増えています。当時は陰口を叩かれていた部長も、今では部下たちのいい見本。ランチ後に一緒に昼寝する人も何人かいるそうです。
ちなみに、パワーナップの前にコーヒーや紅茶などを飲むと、なお効果的。カフェインの覚醒作用で、すっきり目覚められます。

いいかげんのすすめ

20分の使い方で午後が変わる

49 ストレスは寝て忘れる

睡眠効果で嫌なことを
翌日に残さない

カウンセリングで会う人の中には、イヤなことは寝て忘れるという人が一定数います。

商社に勤めるUさんもそのひとり。ストレスを感じたらとりあえず寝る。朝になったら、だいたいイヤな気分も消えていると言います。

そんなに簡単に忘れられるの？　とも思いますが、**睡眠にストレス解消効果があるのは研究結果からも明らかになっています。**

睡眠には3つの段階（深さ）があり、最も深い睡眠は「ノンレム睡眠」と呼ばれています。体の眠りとも言われ、この時間には体の疲れを回復し、傷んだ部分を修復する成長ホルモンの分泌が促されます。

一方、最も浅い段階は「レム睡眠」。脳の眠りとも言われ、脳の疲れを回復してくれます。**レム睡眠中は、脳内で記憶の整理や定着が行われています。その過程で必要な情報だけが定着し、ゆううつな気持ちや不安などネガティブな感情は軽減されます。**

しっかり眠ることで、ノンレム睡眠とレム睡眠の両方の効果が得られるので、体と脳の疲れが回復し、感情もすっきりする。だからストレス解消につながるのです。

厚生労働省の「健康づくりのための睡眠ガイド２０２３」では、成人は6～8時間の睡眠が適切とされています。ストレスを感じたら、まずは最低でも6時間寝るといいのです。

それでもいろいろ考えてしまって眠れないときは、頭の中にある感情や考えを紙に書き出しましょう。頭の中にネガティブな思いをとどめるのではなく、吐き出すのです。書いたら、その紙を破いて捨てる。そして、「はい、終わり」と気持ちに区切りをつけて布団に入ります。

Uさんは、冷静沈着で確実に仕事をこなす人だと上司は評価しています。睡眠で自律神経も整えているからこその落ち着きなのかもしれません。

いいかげんのすすめ

「悩みは寝て解決」は科学的に証明済み

50

接客中でも ものを食べる

集中力とやる気は
噛む力で上げられる

「Hさんがずっとものを食べているので集中できません。どうにかできないでしょうか」

デザイン会社で全員をカウンセリングしたとき、ある人に相談されました。

エースデザイナーのHさんは、四六時中、ガムやグミを噛んでいるのだそうです。打ち合わせのときにも、もぐもぐ。お客さんが来ていても、もぐもぐ。集中度が高まるとさらにもぐもぐ。

相談者は隣に座っているので、Hさんが仕事中にものを食べていることが気になって仕方がないとのこと。

Hさんの順番が回ってきたとき。胸ポケットにガムが入っていたので、好きなのですか？　と聞いてみました。すると、「何かを噛んでいると落ち着くし、集中できる。いいアイデアが出てくる」とのこと。

実は、**ガムやグミを噛むことで、脳の血流が促進され、集中力や判断力が高まる**という研究結果があります。また、ガムを噛むことで**気分がリフレッシュしたり、柔らかいグミを食べることでリラックスする効果もある**という研究発表もされています。

ある企業で、社内のコンビニの売り上げを調べたところ、夕方にグミが売れていることがわかりました。疲れがたまってきた時間に、リラックスを求めて、あるいは集中したいために、無意識にグミを手に取っていると考えられます。

また、何かを噛むことで不安や緊張が和らぐ効果もあります。常に噛む行為をしているHさんは、不安や緊張を感じやすいのかもしれません。

Hさんにはカウンセリングで、「噛む音が気になる人もいるかも」とそっとお伝えし、緊張を和らげる呼吸法も教えました。結果、まわりへの配慮をするようになり、ガムを噛む頻度も少し減ったそうです。

いいかげんのすすめ

もうひと踏んばりしたいときは咀嚼が効く

第6章

考え方

いいかげんな人の常識が心を軽くさせる

51 苦労は買わない

目的を明確にすれば不要な作業が省ける

私が取材をした著名人たちの苦労話は、その功績に比例するように壮大でした。そんな話を耳にするたびに、「成功するためには苦労が必要なのだ」と思ってきました。

ところが、知人のAさんは違いました。雑誌を一から立ち上げ、テレビにも取り上げられたAさん。口ぐせは、「苦労なんて買うもんじゃない」でした。

Aさんは、口ぐせ通り、自ら苦労するのではなく他者の力を借りることにしました。立ち上げた雑誌で読者を使うことにしたのです。

なにせ予算がありません。プロの編集者やカメラマンに頼めばお金がかかる。そこで、「雑誌作り体験」企画を作って読者に編集や撮影をやってもらうことにしたのです。

集まった読者たちは、まったくの素人。そんな彼らに、企画を出し、取材をして記事を書いてもらう作業を好きなようにやってもらうというではないですか。

えっ、メチャクチャな雑誌になっちゃう……。私はやきもきしました。

ところが、結果的に素人ならではの素朴さがにじみ出た、素敵なページが出来上がりました。

予算がない中でも協力してくれるプロを探す方法もあったでしょう。自らが走り回ってページを作ることもできたはず。でも、そんな苦労は選ばなかったのです。

なぜならAさんは、**「パーパス」**を明確にしていたから。

パーパスとは、目的、意図のこと。なぜそれを行うのかという志を表します。

パーパスが明確でないのにやみくもに苦労しても、目指すところには到達できません。Aさんが言う、買わなくてもいい苦労とは、そういうもののことです。

Aさんが掲げていたパーパスは、読者が本当に読みたい雑誌を作ること。編集部が作りたいものと読者が読みたいものが一致するとは限らない。ならば読者が読みたいものを読者自身に作ってもらえばいいという発想だったのです。

パーパスが明確なら、ムダな苦労などせず、楽に早く、ゴールにたどり着けます。

いいかげんのすすめ

苦手なことやできないことは人に任せるべし

52

人の意見を聞かない

自分の強みを見つけて輝く

独特の歌いまわしが特徴の歌手がいます。その歌い方こそが最大の個性なのですが、実はデビューの際、スタッフから「万人受けするように歌いなさい」と言われていたとか。でも、「歌い方を変えたら私じゃない」と、彼女はその意見を断固拒否しました。

また、ある演奏家は、革新的な楽曲を作ることで、それまでの伝統を打ち破ろうとしていました。しかし、クラシカルな演奏こそが大衆には受けるからと、周囲は斬新なアイデアを受け入れようとしませんでした。それでも彼は、「芸術家がやりたいことを曲げ、迎合したものを作るなんて、芸術じゃない」と意思を曲げなかったのです。

ふたりとも、大切なはずのスタッフの意見を聞きませんでした。それは自己中心的な行為でもあり、失敗したらそのスタッフに迷惑をかけることにもなります。でも彼らは、反対を押し切ってレコーディングしてしまったのです。

結果、周囲の予想を裏切り、見事に大ヒット！

今では唯一無二の存在として、日本だけでなく、海外でも大活躍中です。

人の意見に耳を傾けなかったふたりが成功したのは、**「自己認識力」が高いから。**

自己認識力とは、自分の性格や能力、思考、感情などを客観的に理解し、それを受け入れる力のこと。**この力が高まると、自分の強みが何かもわかるので、思い切って強みや個性で勝負ができます。**

自己認識力を高めるには、まずは人から褒められたことをリストアップしてみてください。

さらに、自分では気づいていない魅力を知るために、「私のいいところって何？」、「私の売りって何なのかわからないから、教えて！」と、家族や友人に訊いてみてください。きっと意外な、嬉しい答えが返ってきます。

いいかげんのすすめ

万人受けを狙わないほうが予想以上に評価される

53

ワークライフバランスは無視

仕事とプライベートの境がないから続く

絵を描き小説も出し、音楽活動にコメンテーターとマルチな活躍を見せるアーティストがいました。彼の取材で事務所に伺ったときのことです。

ドアを開けると、目に飛び込んできたのは、そこここに置かれたグッズ。ヤシの実で作られたキャラクター人形に動物を模したゴムのおもちゃ、古いポスター、観光地で売られている誰も買わなそうな土産物……。いったいどこで手に入れたの？　と突っ込みたくなる、おびただしい数のB級グッズが所狭しと置かれていたのです。壮観、いや奇観でした。

マニアックな世界観で人気の彼。子どものころからへんてこなものを集めるのが好きで、「気づいたらこんなことになっていた」と笑います。

自宅にグッズを飾る人は多いですが、ここは仕事場。スタッフがいて、来客もある空間に、彼はものすごい量のグッズを持ち込んでいるのです。棚の中やデスクの上もグッズがびっしり。仕事の書類はどこなの？　と心配になるほどでした。

ワークライフバランスが大事だと言われていますが、彼の場合、ワークライフバランスは無視。仕事とプライベートの境界線などありません。

最近、そのごちゃごちゃ感のメリットを証明するワードが注目されています。**「ワークライフインテグレーション」**です。

仕事もプライベートも生活の一部。両方が充実することで人生が豊かになるという考え方です。仕事とプライベートをきっちり分けるのではなく。生活の中で自分なりに調整しようということ。子育てしながら仕事をする人やテレワークをしている人などは、仕事とプライベートがごちゃっと混ざってしまいますよね。それでいい、それが快適だ、ということです。

このアーティストは数十年前からこのスタイル。時代の先を行っていました。バランスなんか取らず、ごちゃごちゃしているほうが幸せなのだなと思わずにいられません。

いいかげんのすすめ

「安定」より「好き」を優先したほうが楽しい

54

流行《はやり》に流される

スランプを抜けたいなら こだわりを捨てる

20年ほど前の話。当時、押しも押されぬ人気を誇っていた女性歌手は、時代に流されるように生き、活動しているように見えました。
流行の音楽を取り入れて、流行のダンスを踊って、流行のファッションをする。自分のポリシーとかスタイルがないのかな。人気はすごいけど、30歳を過ぎているのだから、こだわりを貫いてもいいのにと、私はちょっと冷めた目で見ていました。

ところがインタビューで話を聴くと、実はそれは、スランプから脱出する方法だったと明かしてくれました。

以前は、頑なに自分のやり方にこだわっていた彼女。はじめはそれでうまくいっていたけれど、数年経つとパタッと曲が作れなくなったと言います。


努力を重ねると、知識とスキルが上がり、成果が出ます。そのまま努力を続けると、ある程度のところでスキルは横ばいになってしまいます。やってもやっても成果が出ない、スランプ状態に陥るのです。このことを**「高原現象」**とも言います。

この歌手にもスランプが訪れたのです。


スランプから脱出するために必要なのは、やり方を変えること。

しかし多くの人は、うまくいっていたときのやり方に固執し、ますますうまくいかなくなり、苦しみます。

でも、彼女はいち早く、今のままではダメだと気づきました。

そして180度、考えを変えることにしたのです。

それが、流行に流されること。**自分のポリシーは捨て、流行の音楽を聴き、若いスタッフの意見を取り入れることで、肩の力がスーッと抜けて、曲を書けるようになったと言います。**そして、久しぶりに出した曲が大ヒット。人気も再燃しました。

スランプに陥ったとき。それは「流されてみて！」の合図かもしれません。

いいかげんのすすめ

ミーハーと言われても流行で自分をアップデートする

55

ルールは破るためにある

自分の枠にとどまらない

「ここに入っちゃダメと言われると、入りたくなるんですよね」

いくつかの代表作がある人気俳優が、インタビューで語ってくれた、印象深い言葉です。

そんな性格だからか、彼は俳優に徹するだけでなく、演出や脚本作りにも参加していました。俳優が他のスタッフの役割に口を出すのは、一般的には越権行為。多くの俳優はしないことです。でも、いい作品を作りたい一心でそうしていたとのこと。

そのためか、若いときには生意気だなどとメディアで評されることもありました。

ルールがあると破りたくなる、ダメだと言われるとやりたくなってしまう。彼のようにその衝動が強い人は、**「新奇性探求」が高い**と言えます。

好奇心が強く、新しい経験や刺激を好む傾向があり、多少リスクがあっても何かに挑戦する。そんな意欲が高い人です。

危ういと感じる一方、うらやましいとも思っていました。

でも、どうやら新奇性探求には遺伝子が関わっているようです。

アメリカの精神医学者、ロバート・クロニンジャーは、人のパーソナリティは、遺伝的要因と環境的要因から成るという理論を確立させました。

その因子は、①新奇性探求　②危険回避　③報酬依存　④粘り強さ　⑤自尊心　⑥協調性　⑦自己超越の7つです。

これらが相互に絡み合い、パーソナリティが決まるというわけです。

あなたにも、生まれつき高い因子があるはず。努力家で頑張り屋の人は、粘り強さが高いので、それを大切にしましょう。協調性が高いと思うなら、人と協力し合う作業を積極的にすると、自分らしく強みを活かせます。

この俳優も、新奇性探求という強みを活かしてきたから、今も、俳優だけにとどまらず、音楽や司会業などで幅広く活躍しています。

いいかげんのすすめ

好奇心のままに動けば、結果は後からついてくる

56

なすがままに流される

ありのままを受け入れて抗わない

私の祖母は、101歳まで生き、天寿を全うしました。

岡山のお寺に生まれ、東京に嫁いで、戦争を体験し、6人の子どもを育て、テーラーの夫を支えた、肝っ玉母さん（婆さん）です。

離れて暮らしていたので、話す機会はあまりなかったのですが、おおざっぱな人だなというイメージを、子どものころから持っていました。

料理の味付けは目分量。しかも味見をしません。当然、薄すぎたり濃すぎたりすることもありました。洗濯物の畳み方も雑で、タンスから出した服がシワシワということもしょっちゅう。

そして、口ぐせは笑いながら言う「しゃあない」。

「仕方ない」「しょうがない」という意味です。

買う予定だったものを忘れても「しゃあない」。

私が試験に落ちても「しゃあない」。

あらゆることにおいて、なすがままに流されていたのではないかと思うのです。

祖母は、**「積極的認知対処」に長《た》けていた**と言えます。認知とは、ものごとのとらえ方のこと。**積極的認知対処とは、ものごとのとらえ方を肯定的、適応的に変えること。**

買う予定だったものを忘れたとき、「なんて私は忘れっぽいの？ ダメだなあ」ととらえると、落ち込みます。でも、そこでとらえ方を変え、「忘れてしまったものは、しゃあない」と笑い飛ばせば、気持ちも軽くなります。

とらえ方を変換する簡単な方法は、視点を変えること。楽観的な人をイメージして、「あの人ならどうとらえるかな？」と考えるのです。すると気持ちも楽なります。

祖母は、街の再開発で家の立ち退きを迫られたときも「しゃあない」と笑っていました。いやあ、強い人でした。

いいかげんのすすめ

ムダな抵抗をやめるとエネルギーの浪費を防げる

57

何も考えない

いちいち深く考えないことで負荷を減らす

メンタルが強い人って、どんな人だと思いますか？

いつも前向きで、自己主張がうまい。そして決して弱音を吐かない。そんなイメージがあるかもしれませんね。

でも本当は、ちょっと違うんです。

私はメンタルが強い人にときどき会いますが、その中に商社勤務のCさんがいます。

新規事業の立ち上げメンバーに抜擢されるほど優秀で、とても忙しくしているのですが、ストレスチェックのスコアが驚くほど高かったのです。

そこで私は、「多忙なのにタフでいられる秘訣はなんですか？」と訊きました。

返ってきた答えは「何も考えていないので」でした。

すごく冷めた人なのかなと、私は身構えました。

ところが、その言葉は実は、深く悩まないという意味でした。

例えば、営業がうまくいかず落ち込むような場面では、「あのお客さんは相性が悪かっただけ」というふうに受け流す。「何とかなる」と口に出す。

ピンチのときもそのように処理するから、深く悩まずにいられるのです。

彼は、**楽観主義傾向が強い**のです。楽観主義とは、ものごとが良い方向に向かうだろう、何とかなるだろうと、楽観的にとらえる考え方。

ポジティブ心理学の創設者、マーティン・セリグマンによると、**楽観主義**

傾向が強い人は、自分だけでなく他人のいいところに目が行くので、人間関係が良好です。また、**きっとうまくいくと信じているので、仕事で成功します。**そして、**くよくよしないから健康状態も良好なケースが多い**とのこと。

「いつも前向きじゃないし、弱音も吐きますよ」とCさん。楽観的なことに加え、弱音を吐ける強さも併せ持つから、Cさんはメンタルがとても強いのです。

いいかげんのすすめ

楽観的なほどいい結果がやってくる

58 1日1悪

寛容性を高めるためにちょっとだけレールを外れる

ベテランの女性体操指導者にインタビューしたとき、その言葉に衝撃を受けました。

「私のモットーはね、1日1悪です。1日1善じゃないのよ。例えば、ごみが落ちているのを見つけたらどうします？　拾いますよね？　でも、私はときどき、あえて拾わないんです」

どういうことですか？　私は興味津々で聞きました。

自分がごみを拾わないという行為をすれば、他人がごみを拾わなくても気にならなくなる。それだけでなく、誰かに腹が立ったとき、「私だって悪い

ことしてるんだから」と〝お互い様〟と思えるのだと、その人は言います。
なるほどと、私は膝を打ちました。

人の思考にはいろいろなクセがありますが、そのひとつが「べき思考」。
「ああすべき」「こうすべき」のべきです。
私たちはその「べき」を、無意識に他人に押し付けています。

例えば、「お年寄りには席を譲るべき」という「べき」を持っている人は、他人にもそうしてほしいと無意識に期待します。そして、譲らない人を見るとイラっとしてしまいます。
自分の中に「べき」がたくさんあるほど、それが強ければ強いほど、しょっちゅう、激しく腹が立ちます。毎日のようにイライラしたら、疲れてしまいますね。

1日1善はいいことですが、いつもいい人でいようとすると、「べき」が増えていきます。

ゴミを拾わなくたってバチは当たらない。

疲れているなら、お年寄りに席を譲らなくていい。

ちょっと悪いことをしてもいい。

そんなふうに思えると、とても楽になります。自分の中の寛容性を高めようと、私も1日1悪を実践中です。

いいかげんのすすめ

自分が一番のワルだと思うと人を許せる

59

目標なんて持たない

自分の可能性は偶然の重なりで広がっていく

大谷翔平さんが、明確に目標を掲げ実現してきた姿を見ると、やはり目標はしっかり持つべきなのだと思いますよね。しかし、目標なんて持たないというポリシーで成功した人は、案外多いのです。

複数の有名企業の社長を経験した女性、Wさんはそのひとり。

ずっと専業主婦だったWさんは、経済的理由でパートを始めます。稼ぐためにひたすら働き、正社員になりました。

男性ばかりの営業部での仕事。最初はうまくいきませんでしたが、主婦目線で商品の使い勝手の良さを説明し始めると、次々と契約が取れるようになりました。

課長、部長、支店長と、とんとん拍子に出世し、やがて社長に。さらにその手腕を認められ、他社に引き抜かれます。

「まさか自分が社長をやるなんて思ってもみませんでした。そもそも目標なんて持ったことないです。おもしろそうなことをやっていたらここまで来てしまいました（笑）」

この社長同様、がむしゃらにやってきたら社長になっていましたと語る経営者がいます。それは美談にしているわけでも謙遜しているわけでもなく、偶然の力によるもの。ジョン・D・クランボルツ教授が提唱したキャリア理論のひとつ**「プランド・ハップンスタンス」**が起きていたと考えられます。

変化の激しい現代においては、キャリアの8割は偶然の出来事によって形成

されるというものです。

目標はそのときどきで変わるもので、将来何になるかガチガチに決める必要はない。積極的に動いて偶然の出来事を自ら作り出し、受け入れていくことで、幸運なキャリアが築けると、この理論は教えてくれます。

目標を立てても、その通りに行かないと苦しくなります。

それよりも、気楽に偶然のできごとに身を任せてみる。そのほうが、幸せな未来が待っているかも。

いいかげんのすすめ

目の前のことに全力で取り組めば自然と道は開けてくる

60 自分がやらなくても、誰かがやる

責任感は最小限にとどめ心の健康を保つ

建設業でチームリーダーを務めるRさんは、「自分がやらなくても、誰かがやる」がポリシー。

自分の担当ではない仕事には自分から手を出さない。自分じゃなくてもできる仕事は誰かに振る。誰もやりたがらない仕事は外注するよう上司に求める。そうやって、できる限り責任を最小限にするようにしていると言います。

主任なのにそれで大丈夫なの？　もうちょっと責任感を持ったほうが……という考えが頭に浮かんだとき、Rさんは過去の話をしてくれました。

以前は、誰がやるのか決まっていない仕事も、なんでも率先してやってい たというRさん。ところが、そうすればするほど、あれもこれもと負担が増 えていきました。

集団になると人は、「自分がやらなくても誰かがやってくれるだろう」と 手を抜くようになります。これを心理学では**「社会的手抜き」**と言います。 すると責任感が強い頑張り屋さんは、「自分がやらなければ」と率先して 行動します。その姿を見てまわりのメンバーは、「やっぱり自分がやらなく ても大丈夫だ」とますます手を抜きます。そして頑張り屋さんの負担は増す 一方になるのです。

何とも皮肉な組織の力学です。

Rさんは、そんな頑張り屋さんでした。疲労をため込み、「なんで自分 ばっかり」と怒りをふくらませて、抑うつ状態に陥ってしまったのです。

頑張って体を壊すなんてバカバカしい。通院をする中で、考え方を変えようと思ったというRさん。以前は「自分がやらなければ、誰がやる」と考えていたけれど、今は真逆の考え方です。

もしあなたが責任を背負い込みすぎて「自分ばっかかり」と感じているなら、まずはつぶやいてみてください。「自分がやらなくても、誰かがやる」と。

いいかげんのすすめ

「自分はやらない」という選択肢を持つ

おわりに

最後までお読みいただき、ありがとうございました。
いいかげんな人たちのハチャメチャなエピソードは、いかがでしたか？

これ、何年も前の話でしょう？　今の時代じゃ通用しないよ。
そう思った方もいるかもしれませんね。

確かに、中には10年以上前のエピソードもあります。時代にそぐわないものもあるかもしれません。
それでも、各エピソードの根底に流れているものは、どんな時代でも変わらないものです。それは、いいかげんな人たちが大事にしていることでもあります。

本文の中でも少し触れましたが、**彼らが大事にしているのは、「本質」です。**何が本当に大事なのか。目指すところはどこなのか。自分はどうなりたいのか。周囲の人はどうなっていたらいいのかという本質。

仕事を前に進めるため、快適に生きるために必要な本質を、彼らはちゃんと見極めています。大事なことだけを守り、不要なものは捨てることができるから、いいかげんになれるとも言えます。

本質を見極めずにいいかげんに振る舞うのは、良い加減ではありません。ただのだらしない人、怠け者です。

昔から日本人はきっちりしていましたが、最近はよりきっちりしなくてはならない場面が増えたように思います。

社内用の資料であっても誤字脱字があってはいけない。テレワークであっても就業中はちゃんと席に着いてしっかり業務をしなくてはいけない。仕事中に勝手にコンビニに行ってはいけない。お客様の機嫌を損ねてはいけない。美しくわかりやすいデザインの資料を作らなければいけない。不適切なことをしてはいけない……。枚挙《まいきょ》に暇《いとま》がありません。

怒られないために、批判されないために、人を傷つけないために、本来ならやらなくてもいいのにやっていることはありませんか？　過剰に気を遣ってはいませんか？

いつも監視されていて、きちんとしていないと指摘される。そんなちょっと息苦しい風潮の中で、あなたも疲れているのではないでしょうか。

だからこそ今、いいかげんになることが必要だと思うのです。

ストレスフルで気遣いが大事な時代だからこそ、本当に大切なことを見極めて、それ以外はちょっと脱力することが、今、求められているのだと感じます。

本書で紹介した人たちの中には、がむしゃらに働いて成功をつかんだ人もたくさんいます。その過程で胃潰瘍やうつ、パニック障害を患《わずら》ったという話も何度か耳にしました。かなりのストレスを抱えながら働いていたということです。

その中のひとりは、こんな話をしてくれました。

体調を崩すということは、無理していたということ。**無理するということは、自分を大切にしていないということ。自分をいじめて働いても、お客さんは喜んでくれないと気づいたのだと。**

がむしゃらに働いたからこそ気づいたことではありますが、体調を崩す前にそのことに気づいていたら、苦しみを経験せずに済んだかもしれません。

いいかげんになることは、自分を大切にすることでもあるのです。

多くの人が疲れている今、このことを伝えたくて、この本を書きました。

この世で、あなたをいちばん大切にできるのは、あなたです。

どうぞ、自分を守るために、いいかげんに、良い加減になってくださいね。

そして次は、あなたのいいかげんエピソードをぜひ聞かせてください。

それを集めてこの本の第2弾を出版するのが、私の夢です。

大きな夢ですが、思い切って書いてみました。

口に出すと夢は叶うはずですから。

２０２５年２月

船見敏子

参考文献

第1章

『東大教授がおしえるやばい日本史』P136～137、166～167　北郷和人監修（2018）ダイヤモンド社

「How Steve Jobs scammed Apple for free lunch」（2017）『BUISINESS INSIDER』
https://www.businessinsider.com/how-steve-jobs-scammed-apple-for-free-lunch-with-1-dollar-salary-2017-6

「我が国と諸外国のこどもと若者の意識に関する調査」（2023）こども家庭庁
https://www.cfa.go.jp/assets/contents/node/basic_page/field_ref_resources/d0d674d3-bf0a-4552-847c-e9af2c596d4e/3b48b9f7/20240620_policies_kodomo-research_02.pdf

第2章

『擬人化エージェントの印象操作のための視線制御方法』深山篤・大野健彦・武川直樹・澤木美奈子・荻田紀博（2002）情報処理学会論文誌

Australia Culture「Comnunication」（2021）『Cultural Atlas』
https://culturalatlas.sbs.com.au/australian-culture/australian-culture-communication#australian-culture-communication

『［新装版］松下幸之助　日々のことば』P83　ＰＨＰ研究所編（2022）ＰＨＰ研究所

第3章

『ダイヤモンド・オンライン』大事なものは地位ではなく責任である（2009）
https://diamond.jp/articles/-/787

『nature neuroscience』（2020）
https://www.nature.com/articles/s41593-020-0636-4#author-information

『STUDY HACKER』「孤独を愛する人」が強い8つの理由。〝ひとり好き〟は無理に友達を作らなくていい（2019）
https://studyhacker.net/jiritsuteki-kodoku

『GO WILD 野生の体を取り戻せ！ 科学が教えるトレイルラン、低炭水化物食、マインドフルネス』ジョン・J・レイティ、リチャード・マニング著、野中香方子訳（2014）ＮＨＫ出版

『パーキンソンの法則』シリル・ノースコート・パーキンソン、森永晴彦（1996）至誠堂

『ストレス・マネジメント入門――自己診断と対処法を学ぶ』P51～58　中野敬子（2005）金剛出版

エクスペディア 世界16地域 有給休暇・国際比較調査 2022
https://www.expedia.co.jp/stories/wp-content/uploads/2023/04/Expedia_Vacation-Deprivation-2022-1.pdf

株式会社ＡＸ－Ａ「有給消化率１００％にしてみたらこうなった」
https://axia.co.jp/2019-03-19

「ニッセイ『福利厚生アンケート調査』報告書」(2016)日本生命保険相互会社
https://www.nissay.co.jp/news/2015/pdf/20160119.pdf

『武器としての組織心理学　人を動かすビジネスパーソン必須の心理学』P106　山浦一保(2021)ダイヤモンド社

第5章

『職場のポジティブメンタルヘルス4　ウィズ／ポストコロナでいきいき働く工夫』P99～102　島津明人編著(2024)誠信書房

「How Our Careers Affect Our Children」(2018) HARVERD BUISINESS REVIEW
https://hbr.org/2018/11/how-our-careers-affect-our-children

「すこやかな高齢期をめざして　好奇心旺盛に過ごすことの重要性」(2015)国立研究開発法人国立長寿医療研究センター
https://www.ncgg.go.jp/ri/advice/12.html

「高齢者の趣味の種類および数と認知症発症」ＪＡＧＥＳ　６年縦断研究　Ling LING・辻 大士・長嶺 由衣子・宮國 康弘・近藤 克則(2020)日本公衆衛生雑誌
https://www.jstage.jst.go.jp/article/jph/67/11/67_19-046/_article/-char/ja/

「多趣味な高齢者は死亡リスクが低い　趣味２個で10％、５個で31％のリスク軽減効果」東京歯科大学(2021)
https://www.jages.net/library/pressrelease/?action=cabinet_action_main_download&block_id=4030&room_id=549&cabinet_id=253&file_id=9335&upload_id=12051

「浅い眠りで記憶が消去される仕組みを解明～なぜ夢は起きるとすぐに忘れてしまうのか～」科学技術振興機構、名古屋大学(2019)
https://www.jst.go.jp/pr/announce/20190920/index.html

「噛むこと研究室」噛むことインタビューNO.16 柿木隆介
https://www.lotte.co.jp/kamukoto/brain/854/

第6章

『ストレス・マネジメント入門――自己診断と対処法を学ぶ』P43～50　中野敬子(2005)金剛出版

『オプティミストはなぜ成功するか』マーティン・セリグマン著、山村宣子訳(2013)パンローリング

船見敏子（ふなみ・としこ）
メンタルヘルス・コンサルタント、公認心理師、元雑誌記者。大手出版社で雑誌編集に携わり、1000名超の著名人を取材。インタビュアーとしてのスキルを身につけるべくカウンセリングを学んだことを機に、2005年にカウンセラーに転向。以後、全国の企業・自治体等でカウンセリング、研修などを通じメンタルヘルス支援を行う。これまでに1000社・10万人の支援をしてきた。産業カウンセラー、1級キャリアコンサルティング技能士などを保有。株式会社ハピネスワーキング代表取締役。著書に『仕事で悩まない人の相談力』（WAVE出版）、『幸せなチームのリーダーがしていること』（方丈社）など。モットーは「幸せに働く」。

結局、いいかげんな人ほどうまくいく
先入観を捨ててより良く生きるための60の習慣

2025年3月12日　第1版第1刷発行

著者　船見敏子
発行者　永田貴之
発行所　株式会社PHP研究所
東京本部　〒135-8137　江東区豊洲5-6-52
ビジネス・教養出版部　☎03-3520-9619（編集）
普及部　☎03-3520-9630（販売）
京都本部　〒601-8411　京都市南区西九条北ノ内町11
PHP INTERFACE　https://www.php.co.jp/
印刷所　株式会社精興社
製本所　株式会社大進堂

ISBN 978-4-569-85874-6